大家博友

纪念李小文院士博文集

Essays in Memory of Xiaowen Li:
A Respected Academician and A Friend to All of Us

武夷山 · 主编

科学普及出版社
中国科学技术出版社
·北京·

图书在版编目（CIP）数据

大家博友：纪念李小文院士博文集 / 武夷山主编 . —北京：科学普及出版社，2015.2
　ISBN 978-7-110-09075-6

Ⅰ . ①大… Ⅱ . ①武… Ⅲ . ①李小文（1947～2015）- 纪念文集 Ⅳ . ①K826.16

中国版本图书馆CIP 数据核字（2015）第 024904 号

出 版 人：	苏　青
策划编辑：	苏　青
责任编辑：	吕秀齐　崔　玲　张敬一
装帧设计：	刘雅坤
责任校对：	刘洪岩
责任印制：	张建农
出版发行：	科学普及出版社
地　　址：	北京市海淀区中关村南大街 16 号
邮　　编：	100081
发行电话：	010-62103130
传　　真：	010-62179148
投稿电话：	010-62103136
网　　址：	http://www.cspbooks.com.cn
开　　本：	787mm×1092 mm　　1/16
字　　数：	200 千字
印　　张：	14.5
插　　页：	4
版　　次：	2015 年 2 月第 1 版
印　　次：	2015 年 2 月第 1 次印刷
印　　刷：	北京华联印刷有限公司
书　　号：	ISBN 978-7-110-09075-6/K・133
定　　价：	45.00 元

（凡购买本社图书，如有缺页、倒页、脱页者，本社发行部负责调换）

《纪念李小文院士丛书》编辑委员会

主　　任： 苏　青

副 主 任： 武夷山　陈　安　张其瑶

委　　员：（按姓氏拼音为序）

迟　菲　崔　玲　方　芳　焦子锑　吕秀齐　刘雅坤

林驭寒　苗元华　王德华　徐　敏　许　慧　杨虚杰

张敬一　赵　燕

本书主编： 武夷山

为纪念李小文院士
科学普及出版社与科学网联合推出此书

序

本书定名为"大家博友",其含义有二。一是,李小文老师是我们"大家"的"博友"。科学网上与他结为"好友"的博友共有1814位,据陈昌春博主统计,拥有1800位以上"好友"的博主寥寥无几。更何况,还有很多人(包括在下)虽然与李老师没有形式上的"好友"关系,但彼此都是默认对方为好友的。二是,李老师是一位学术"大家",但又是一位普通的"博友",是科学网10万多实名注册博主组成的大家庭中的一员。英国亚瑟王开创了围绕圆桌安排坐席以示人人平等的传统,而互联网世界里不需要专门的设计,网民、博主之间天生就形成了平等的关系。李老师最看重的就是这种平等的关系。

我与李老师见过几次面,都是博友聚会的场合。他客气得很,居然当面称呼我"武老师",折杀我也。他在自己的一些博文中,也时不时地这么称呼我,我拿他老人家一点办法也没有,其实这也是他生性幽默的一个具体表现。他的幽默不动声色,一如他平时的表情。一次聚会，在迟菲博主的主持下，我们和李老师一起没大没小地做过游戏。在游戏中，他平民式的幽默表现无遗，我们其他人都笑翻了，他表情依旧。

我怀念李老师这样的平民院士，他始终知道自己的分量，从不飘飘然。愿我们大家都能像他这样做人，这比升官发财要重要得多，也要困难得多。做人做到这个境界，平民本色就化为英雄本色了。

按照等级文化的"惯例"，怀念院士的文集，怎么地也得请另一位院士做主编吧。可是，我们这本书居然就由我这样一位普通博主担任主编。我们深信，李老师天上有灵，一定会眯缝着眼而颔许。

武夷山
2015 年 1 月 30 日

\ 目录 \

序 \ 武夷山

001 深切缅怀李小文老师 \ 科学网编辑部
003 李小文院士与公共卫生的不解之缘 \ 曹春香
007 中国士范：哭李小文博士 \ 朱启疆
008 我记忆中的李小文老师 \ 范韶华
010 师恩难忘 光芒永存 —— 怀念恩师李小文先生 \ 高孟绪
013 追忆恩师李小文院士 \ 光洁
016 忘不了 \ 黄华国
018 科学令名岂止文章著 侠肝义胆更有柔肠情 \ 焦子锑
022 回忆李小文先生二三事 \ 刘锐
026 悼恩师 \ 马茵驰
027 沉痛哀悼李小文老师 —— 一个大好人 \ 毛克彪
029 沉痛悼念 深切缅怀 \ 邱玉宝
031 一辈子奉献祖国和社会 \ 田海静
033 追忆李小文老师 \ 谢东辉
036 一生大爱 \ 徐敏
038 记忆中的李小文老师 \ 张吴明
041 为您写下的人生第一篇祭文 \ 张丽华
045 纪念如友如父如兄的李小文院士 \ 王海辉
049 后会无期 —— 怀念李小文兄与科学网的美好时光 \ 王鸿飞

050	与黄老邪网络互动大略	\ 肖重发
053	黄老邪的科学网江湖	\ 杨玲
057	李小文先生的科学与人文世界	\ 陈安
061	我与李小文老师交往的一些往事	\ 苗元华
065	博客上和生活中的李小文老师	\ 迟菲
070	老邪与"千人计划"研讨会	\ 刘立
072	怀念 Lix	\ 鲍得海
074	生命的价值无关乎长短	\ 曹广福
076	行侠仗义　道行深远 —— 送小文先生远行	\ 陈国文
079	与"邪"共网	\ 黄秀清
083	怀念平民院士小文校友	\ 黄安年
086	李小文是个有大爱的人	\ 嵇少丞
089	李小文何以人气冲天	\ 金拓
091	怀念作为普通网友的李小文老师	\ 李宁
095	痛悼小文	\ 梁进
097	小文老师与我们的书	\ 罗帆
099	追忆李小文老师	\ 吕喆
102	从科学网走进小文院士	\ 刘苏峡
105	怀念岛主——平凡而与众不同	\ 孟津
110	唯精唯一　允执厥中 —— 悼念李小文老师	\ 逄焕东
112	感谢李小文老师给我写博信心	\ 孙学军

113	这就是我的博友	\ 王德华
118	追思老邪	\ 王春艳
125	斯人已乘黄鹤去 世间再无黄老邪	\ 杨芳
127	与老邪交往在科学网上	\ 袁贤讯
129	追忆与小文老师交往二三事	\ 张志东
132	一个没见过面的良师益友	\ 赵美娣
135	悼念博友李小文院士	\ 曾泳春
136	缅怀李小文老师	\ 赵明
138	送小文院士	\ 曹志刚
140	别老邪	\ 蔡庆华
142	平等之态度 自由之思想——我与李小文先生的交往	\ 陈昌春
146	"庹"震，谁来接这棒 —— 纪念李小文老师	\ 陈桂华
148	七律·惊闻李小文前辈离世	\ 陈晨星
149	怀念小文院士	\ 段含明
151	悼念李小文	\ 方锦清
152	潇潇洒洒赴天涯	\ 郭舟
154	研究老邪博客留给时代的人文精神	\ 李伟钢
157	他的灵魂听到了大地的沉默心跳	\ 李侠
159	怀念老邪	\ 李勇
160	悼念博友李小文	\ 刘钢
162	构筑生命的意义	\ 刘玉仙
165	一个普通博友的哀思	\ 罗会仟
168	"小文"不让大武 "光脚"何惧穿鞋	\ 林叶彬
169	驾鹤子乔游碧穹 风流长在独斯人 —— 悼李小文老师	\ 刘波
171	一生潇洒成遥感 ——悼李小文院士	\ 刘建栋

172	舍不得的告别	\ 刘良云
173	为什么科学网如此怀念李小文	\ 聂广
176	我们深深地怀念他	\ 彭渤
178	李小文老师与他的尺度观	\ 彭真明
180	李小文院士对"另类认识"的态度	\ 檀成龙
182	一个普通科学网博友的悲伤	\ 王善勇
184	一个宽容的学者	\ 吴国胜
185	谨以此文送李小文博友	\ 吴云鹏
186	一个看重文科的理科人	\ 张艺琼
190	满江红·悼李小文	\ 柏舟
191	纪念李小文院士并作七律一首	\ 卫军英
192	曾经和永远	\ 庄世宇
195	不止于悼	\ 周金元
196	与他交往的经历令我终身难忘	\ 李竞
198	他曾关心博士生待遇提高	\ 李飞
200	"布鞋院士"外传	\ 齐云龙
202	数十万网友留言悼念李小文	\ 喻海良
204	李小文老师的学术图谱	\ 李杰
205	怀念平易近人的李小文老师	\ 吕秀齐
208	神交平民院士李小文	\ 苏青
212	附录:《纪念李小文院士文集》策划拍板前后	\ 原业伟
216	后记	

2014年6月9日摄于两院院士大会期间(李星杰 拍摄)

李小文简历

1947 年 3 月 2 日出生于四川自贡市；原籍安徽贵池；

1968 年毕业于成都电讯工程学院（现电子科技大学）；

1978 考入中国科学院地理研究所就读研究生；

1979 年赴美国加利福尼亚大学圣巴巴拉分校地理系留学；

1981 年获地理学硕士学位；

1985 年获地理学博士学位和电子与计算机工程硕士学位；

1986 年学成回国，历任中国科学院遥感应用研究所图像处理室副研究员、中国科学院遥感信息科学重点实验室研究员；

1999 年起就职于北京师范大学，同年创立了遥感与地理信息系统中心，并受聘教育部"长江学者奖励计划"特聘教授；

2001 年当选为中国科学院院士；

2002-2007 年任中国科学院遥感应用研究所所长；

2003 年联合中国科学院遥感应用研究所和北京师范大学组建遥感科学国家重点实验室；

2004 年组建电子科技大学地表空间信息研究所并任所长；

2005 年组建教育部创新团队；

2007 年 7 月 29 日在科学网以 Lix 博名注册开博，至去世，共撰写博文 1878 篇；

2012 年兼任电子科技大学资源与环境学院首任院长；

2015 年 1 月 10 日于北京逝世，享年 67 岁。

深切缅怀李小文老师

科学网编辑部

2015年1月10日,科学网编辑部惊闻李小文院士因病在京去世的消息,深感悲痛!编辑部全体工作人员向李小文老师表达深切的悼念!

李小文老师2007年7月29日在科学网注册开博,成为科学网成立上线以来首批活跃的博主之一,7年多来在科学网累计发表了1878篇博文,同时经常和科学网网友们进行密切交流,对年轻科研人员给予了极大的关心和照顾(例如有关海归孙爱武事件),并多次参与科学网组织的各项活动(例如在线访谈:中国最惨博士后)。李小文老师见证了科学网近8年来的发展,为科学网的发展建设提出过多项宝贵的意见。

2014年,李小文院士因其衣着朴素作报告的照片走红网络,获名"布鞋院士",并深受网友爱戴。李小文院士"淡泊名利、执着科研"的形象,为日趋浮躁的科研界重树了榜样和信心。

李小文老师的科学网博客将会永久保留。

李小文老师去世后,来自科学网网友的悼念和追思博文铺天盖地,为此,科学网迅速建立专题,专门悼念李小文老师。短短几天时间,链接的相关哀思和追忆博文多达二百余篇,表达了科学网博友对李小文老师的怀念、爱戴和崇敬。

李小文老师人生的最后几年,非常喜欢科学网并与网友热心交流,在被送医抢救之前还在浏览科学网。李老师淡泊名利,生前留下遗嘱,不举行任何形式的追悼会,只愿在网上举行一次追思会。鉴于此,经与相关方面协调,李小文老师科学网追思会于1月23日上午10时举行。会上邀请与李小文老师比较熟悉的他的学生、同事、博友作为嘉宾，与网友们进行互动交流，共同表达对李小文老师的怀念之情。

追思会吸引了上千名网友的关注，嘉宾们认真回答网友们的提问。互动很成功。由于发言踊跃，原定一个小时的时间延长至2个小时。正像有的网友发言中谈到的："对于小文老师的事，个人能做的是默记其朴素形象，牢记其善待他人的小事，永记其传道授业的学者品格，不断警醒、鞭策自己不要贪图安逸生活，做一个有价值的人。"

深切缅怀李小文老师，李小文老师千古！

（科学网由中国科学院、中国工程院、国家自然科学基金委员会、中国科学技术协会主管，由具有50多年媒体经验的中国科学报社主办。目前，在科学网上开通博客的博主人数已超过10万人。）

李小文院士与公共卫生的不解之缘

曹春香

在学术界，大家一提起李小文院士，首先想到的都是"定量遥感"、"Li-Strahler 几何光学模型"、"尺度效应"等，殊不知他还首次提出了"时空临近度"概念，指导建立 SARS 时空传播的"飞点模型"，是公共卫生领域空间信息技术应用研究交叉学科方向的奠基人和推动者。

2002 年 11 月，SARS 疫情在广东省爆发，并在短短的两个月内迅速蔓延至全国，SARS 的肆虐引起了世界卫生组织的高度重视。时任中国科学院遥感应用研究所所长的李小文院士心急如焚，他第一时间冒着被 SARS 传染的危险呼吁空间信息技术相关领域和公共卫生领域的相关专家联合组织各级研讨会，群策群力，急国家之所急，引导大家从各自的角度为国家排忧解难、献计献策！为此，李小文院士多次拜访时任自然科学基金委主任的陈宜瑜院士，与陈院士探讨设立基金项目探寻 SARS 的时空传播规律等相关科学问题。同时，李院士动员相关力量组织中国科学院遥感应用研究所、军事医学科学院微生物流行病研究所、北京师范大学等单位的主要科研人员，开展对国家自然科学基金（主任基金）项目"SARS 传播时空模型研究"的攻关研究。SARS 之后，在李小文院士的积极推动和协调下，军事医学科学院微生物流行病研究所、中国疾病预防控制中心、中国科学院遥感应用研究所、北京师范大学、第四军医大学等十余家单位联合完成了我国首个基于遥感、地理信息系统、全球定位系统等现代信息技术进行多种类型传染病监测、预警方法体系研究的"艾滋病和病毒性肝炎等重大传染病防治"国家科技重大专项项目"传染病多维信息集成分析与传播风险预测技术研究"专题的国家重大科技专项课题。

　　基于联合公共卫生领域专家们对传染病的协同工作，李小文院士又积极推动中国科学院与军事医学科学院于2003年11月联合正式挂牌了"公共卫生领域空间信息技术应用中心"。中心借助挂靠在中国科学院遥感应用研究所和军事医学科学院微生物研究所的优势，十几年来利用空间信息技术通过针对流行病数据可视化、空间数据分析、流行病传播模拟、医疗卫生公共设施规划、空间决策支持系统和疾病地理信息应用系统构建等研究，在面向环境健康遥感诊断交叉学科方面，不仅取得了系列的科学研究成果，而且还培育出了一个支撑该学科领域的虚拟现实研究团队。李院士带领该中心为SARS、甲型H1N1流感、禽流感、手足口病、鼠疫以及霍乱等严重威胁我国人民群众生命安全的突发性重大传染病的防疫和控制。提出了具有科学意义的重大建议；为包括地震等自然灾害后的疾病传播风险评估及预测预警研究充分发挥了遥感的作用；为挽救国家因此而造成的财产损失间接性地作出了巨大的贡献。

　　李院士常跟我们说："科学研究的最终目的是要服务于行业部门，研究成果真正能为民所用、为国所用才能体现其价值。"在他的大力推动下，公共卫生领域空间信息技术应用研究中心已经在传染病多维可视化分析与预测、预警等方面取得了一大批具有自主知识产权的研究成果。为了在全国范围内进一步推动空间信息技术面向公共卫生领域的应用，在李院士的多方协调下，公共卫生领域空间信息技术应用研究中心在北京、上海、深圳、四川、江西、河北和内蒙古等地成立了7个分中心。2012年3月13日，李院士在住院期间仍带病亲自为各分中心授牌。

　　在构筑公共卫生领域空间信息技术应用研究平台的同时，李院士还非常关注和支持环境健康遥感诊断交叉学科的建设与发展，每一届环境健康遥感诊断国际学术研讨会他都躬身指导筹办。2014年

9月28日在福州举行的第四届环境健康遥感国际学术研讨会，李院士本拟亲自赶赴福州参会并为公共卫生领域空间信息技术应用研究福州分中心的成立授牌，但因为身体原因，他老人家未能到场，却仍不忘给大会发来了一封热情洋溢的贺信。

李院士对公共卫生的热心不止于课题研究，而且还包括人才的培养。近几年，他与我在遥感所联合指导毕业的公共卫生方向的研究生就多达5名（包括4名博士和1名硕士）。2008年5月12日，汶川地震发生后，李院士第一时间打电话给我，指导我们课题组派出博士生前往汶川灾区进行灾后传染病及常见病预防等公共卫生基础数据的调研。为了采集灾后传染病预防暴发的第一手数据，他将其在成都的住宅提供给试验人员调研期间使用。与此同时，他还指导我们开展了"基于空间信息技术在5·12大地震后传染病的风险评估"项目的研究工作。

公共卫生与空间信息技术交叉学科方向的成果只是李院士在诸多领域成就的一个缩影。2002—2005年，李小文院士在主持遥感所工作期间，为了将遥感所打造成为世界一流的研究所，在原中国科学院遥感信息科学重点实验室和北京师范大学遥感与地理信息系统研究中心的基础上联合组建了遥感科学国家重点实验室，大胆引入海外优秀人才担任重点实验室主任，并指导实验室主任协调两个单位的两套人马顺利通过了遥感科学国家重点实验室建设期的考核，使得遥感科学国家重点实验室实现了按照预期时间的正式挂牌。为了进一步加强与国内行业部门的深入合作，基于前人的工作基础，李院士与国防科工局局长多次举行会谈，于2004年成功将国家航天局航天遥感论证中心挂靠在了遥感所，至此真正意义上实现了遥感为我国自主民用航天载荷研发的预研研究提供的强有力支撑。正如大家在网络上感受到的一样，李院士担任所长时非常注重人才培养和引进，他不仅为我国遥感基础研究事业的发展培养了众多科研与教学人员，还从海外以不同方式引进了各级人才，为中国遥感界的腾飞战略性地储备了一大批优秀人才。

李小文院士虽然已经离我们远去，但他为我们留下的宝贵科学财富仍需要我们继承下去，并发扬光大。

（本文作者工作单位为中国科学院遥感与数字地球研究所）

右图为科学网博友陈小润女士为李小文院士所刻的木版肖像。

年前小聚（2014年12月26日），笑谈往事，也将明日要务安排。没想到，这次餐叙竟成永别。短暂人生先我驾云去，心好痛、神已伤，老泪暗自流淌。成此文，心里话，网上讲。

中国士范
哭李小文博士

朱启疆

做研究常发奇思妙想笔走龙蛇著有好文章一个纳沙①微项竟创生
几何光学一派获殊荣长江学者巨奖百万统通献优秀学子铸国家栋梁育
中华英才大业正方兴未艾璀璨人生叹早逝成国殇

忆留学听从祖国召唤学成即归返故乡热血男儿勇担当引领中国遥
感由定性步入定量研究项目接踵国家重任你用双肩扛倡导宏观与微观
相结合理论与应用互激荡力促遥感与地理学融合渗透在国家层面全球
尺度上做文章严冬里一颗遥感科学之星陨落朔方寒风中旌旗一面依然
逆风飘扬接过千万历史重担哥儿们排定站稳一齐扛

最得意发现图像处理课件算法有误赢得老师加倍赞赏更因为维佳②
增添重要功能聪明才智彰显群芳③最骄傲有一对好儿女一个是北京理
科高考状元一个是美东科学竞赛凤凰双双为父母争光这么讲除了基
因家教肯定有秘方喜结中外友朋无数更有弟子贤人满庭芳刚正不阿难
趋炎心有良知不附势无意冒犯君请谅俱往矣人生在世岂论短与长活得
精彩后人自会传唱

（本文作者工作单位为北京师范大学）

①纳沙即NASA，美国国家航空航天局；②维佳即VICAR，是图像处理软件包；③群芳指同期美中研究生。

我记忆中的李小文老师

范韶华

第一次见到李小文老师是在他家里。当时我是去拿资料，他和师母都在，很热情。那时李老师还在中国科学院遥感应用所，与北师大有课题合作。当时需要一个数学系的学生做些建模和野外实验的事情，而我正在读应用数学的研究生，于是就加入了他的研究团队。记得我到时，李老师正在喝鸡汤，师母说老师最近出差，工作很累，回来需要补充营养。见到我来，李老师端着熬鸡汤的锅就要给我盛一碗，这件事让我感受到李老师是那么的平易近人。

后来我们接触越来越多，这种体会就更深了。当他给予别人帮助的时候，他想到的不是利益交换或可能的感激，而是发自内心想做那样一件事情。他有一种大侠的仙骨，而又不桀骜，与人交往时总是很谦逊。李老师话不多，但很风趣幽默，他不止一次地开玩笑说退休后要写一本武打小说，"要写就要写最好的，比金庸的还好看。"

努力做到最好，正是因为有这种做事的态度，他才在国际遥感领域取得了卓越的成绩，在国内培养出了一流的研究团队。他在不断给新人创造机会的同时，自己也非常勤奋，经常工作到深夜，坚持在研究的第一线。我刚到美国读书时，李老师还会时不时来我所在的大学访问，他的办公室就在我们实验室的隔壁。有一天晚上10点多钟，我路过他办公室时听到有人哼着小曲的声音。我敲门进去，看到李老师抿着酒，正微醺地陶醉在他的研究之中。我想，人活着能达到这样一种境界，足矣！

李老师很能喝酒，也喜欢喝酒。有一年中国学生去他家过年，聊到美国对买酒人的年龄限制时，李老师讲了他的一段轶事。有一次他去买酒忘了带证件，而店主坚持要核实他的年龄。无奈之下，他急中生智，想到他没戴假牙，于是对着店主一张嘴，说："你看我已老到所有的牙都掉了，还不能买酒吗"！店主也被他逗乐了。至今，我还记得李老师讲这个故事时，他那眯着眼睛、顽童般的样子。

后来，李老师常待在国内，而我换了学校和专业，我们慢慢失去了联系。之后陆续看到新闻说李老师评上了院士。他惜才，试图聘请孙爱武博士，然后就是2014年"布鞋院士"的照片。我没有丝毫的惊讶，因为这些在他身上都是很自然的事情。

李老师虽然没能等到退休去写一本比金庸更精彩的小说，但他的生命轨迹本身就是"一本最精彩的武侠小说"。在这部小说里，他就是那位有着盖世神功的"扫地僧"。

李老师，您一路走好！

（本文作者现在美国华尔街从事金融工作）

师恩难忘 光芒永存
—— 怀念恩师李小文先生

高孟绪

2015年1月10日,恩师永远离开了我们。那日,我因事在外奔波了一整天,晚上看手机信息,西北大学的一位同学发来短信:"小文老师怎么去世了?"再一看微信中几近刷屏的消息,几乎不敢相信恩师已经仙逝多时了。后来才知道当天上午,肖师兄在QQ群里发过消息"在京、想见的,上午来306医院看一眼吧",遗憾的是我没看到,也未能见到恩师最后一面。

最后一次见他老人家,是我2014年5月底回老家办婚礼前,和爱人到北师大去看恩师和师母吴老师,那时看他老人家精气神还挺好的。当时我还开玩笑说生了娃娃让他给起名。不成想,恩师发病急,走得快!可恶的病魔这么快就夺走了他的生命!

2014年9月10日,我给李老师发节日问候邮件,顺便汇报一下近况。恩师很快回复:今年甘肃一人因鼠疫亡。你们有反应吗?我博士生阶段在中国科学院遥感应用研究所跟随曹春香老师(我的第二导师)一直做空间信息技术在传染病领域的应用研究,尤其是鼠疫方面,但近两年中断了这方面的研究,未能及时跟进。我结合自己了解到的信息给李老师回了邮件,没想到又很快收到他的回复:"谢谢!我想在科学网转发您的回复,暂时隐去尊名。如果有不同意见,请提出,我相应修改。小文。"也很快有了科学网上那篇《【求教】解读:酒泉26年未见人间鼠疫》的博文。最近因为自然科学基金的推进,在研究方面有了一些新进展,正待有机会向他汇报时,恩师却永远离开了我们。

回想2008年从陕西师范大学硕士毕业,能成为遥感所李老师名下的博士生，总觉得真是幸运。那时候对于北京、对于院士，既向往又感觉很遥远。还记得曹老师带我们去见李小文院士的时候，自己是既紧张又兴奋。结果没想到他是那么平易近人，还留我们在学校的教工之家食堂吃午饭，那是我第一次那么近地和院士坐在一起。记得那次我们喝的是二锅头，因为是第一次喝酒，几口下去我就感觉胃里翻滚，但还故作镇静地说要去卫生间。细心的李院士看出来我去卫生间是假，喝酒难受是真，随后就让同学来照顾我。

记得读博期间，两周一次的小组会，若没有特殊原因李老师总会挤出时间与我们一起讨论问题，关心我们的研究进展和生活中的困难。那个时候，遥感所*和北师大*都有李老师的学生，于是我们就轮流坐庄，一次在遥感所开，一次在北师大开，每次三个人PPT重点汇报，其他人口头汇报。由于每人跟随的第二导师有所不同，大家的研究方向也有一定差别，但每次李老师都会认真听完每一个报告，并会问大家听懂了没有，偶尔还会点名让我们讲一下是怎么理解的，而他总是在不经意间用近乎请教的口吻给我们不同的问题指点迷津。他总是鼓励大家要勤于思考，要真正地弄懂问题。好几次，李老师一边同我们分享他的二锅头，一边在师生欢乐轻松的氛围中把问题理清。那样的场景似乎就在眼前，却又离得好远。

博士毕业的时候，我一时未找到合适的归宿。记得是端午节前后，去老师家，那天他好像身体不太舒服，一般礼节性的访问他都是拒绝的。我记得到了老师家楼下，电话询问，当老师知道是学生过来的时候，还是让我上楼到家里，老人家问了我的情况，当时就让吴老师联系电子科技大学，看可否有机会。走的时候，他和吴老师非让我带上学校送他的粽子，还安慰我说，别着急，回去把粽子吃了，先好好过个节。出门的时候，我的眼泪流了出来。最后因为种种原因我选择了去中国科学院地理科学与资源研究所做博士后，李老师很爽快地给我写了推荐信，并鼓励我说留在北京挺好的，好好干。

这几年，断断续续几次会议上见到老师，有机会和老师聊几句，他总是热情地询问我的近况，鼓励我别心急，扎实地做些东西，并让已经毕业的师兄师姐多关心我。我对恩师的感激之情，无以言表……

有一位师姐在我的微信空间中写道："有的人去世后，给人留下了科研成果；而有的人，留下的却是方向和精神。"我想恩师留给我们的很多，必有利于遥感研究方向的确定，他的大爱的精神，都将无形中引导我们如何继续为人师表。

恩师，一路走好！

（本文作者单位为中国科学院地理科学与资源研究所）

编注：《大家博友——纪念李小文院士博文集》一书中大量出现的"遥感所"和"北师大"是李小文院士生前曾工作过的单位，即中国科学院遥感应用研究所（现为中国科学院遥感与数字地球研究所）和北京师范大学。故，书中用其简称，特此说明。

追忆恩师李小文院士

光 洁

　　能成为李小文院士的学生，是我最大的幸运。李老师不仅是学术界的泰斗，也是一位最平易近人、最关心学生的好老师。虽然老师已经离开了我们，但老师的音容笑貌仍历历在目，回忆起与老师相处的点点滴滴，心中泛起的是最真切的温暖以及不能再聆听老师教诲的遗憾与伤感。

　　当我考入中国科学院遥感应用研究所读硕士研究生的时候，李院士还是我们的所长。他既是所长又是院士，故当时我的内心充满敬畏，也以为李院士这么忙，想必像传闻中的某些导师一样，一年也见不到几次面，到学生毕业了也不相识的吧？可没想到，刚开学没多久，就在小组例会上见到了李老师！当时李老师正生着病，例会之后还要回医院打吊水。这样的例会，两周开一次，除了快毕业的学生可以请假，李老师所有的学生都参加，有一些已经毕业留在北京继续从事科研工作的师兄师姐也可以自愿参加，而李老师除了出差在外地，几乎每次都参加，有时候是参加完一整天的会议，晚饭没吃就赶过来。我记得，在第一次例会上，李老师就教导我们要关心"大气候"，因为"大气候管小气候"，要关注遥感的大方向、大形势。会上他提问："谁知道什么是新领域？国家中长期发展计划是什么？"这些问题看似和我们无关，尤其我们只关注自己的小领域；可实际上，这些都是关系着遥感发展的大问题，属于"大气候"。这些反映着国家需求和遥感发展的政策与计划，从一开始，李老师就提醒我们关注，把自己的视角放到更高的高度上，以便更好地利用遥感知识切实为国家的需求服务。每当有大事件发生，无论从 SARS 到禽流感，还是从地震到雪灾再到灰霾污染，李老师一次次呼吁我们利用相关知识，及时采取行动。爱之深，责之切。他也常常责备我们面对国家需求，无动于衷，没有行动。

在例会的交流中，李老师也常常鼓励我们多讨论，不要因为怕自己的思路被别人抄袭而有所保留。他举了自己的切身例子谈及，在美国期间因为与另一位学者讨论自己最新的思路，却被别人抢先发了文章，但他仍然觉得应该相信大多数人的科研道德，即使有小"失"，但在交流的过程中自己获得启发也是"得"。李老师自己也是广交朋友，和多个方向、领域的学者都进行合作交流，比如在近几年李老师关注的"尺度效应"问题上，就多次召集多个专业领域和方向的学者召开交流会议，在2013年的《地理学报》和2014年的《遥感学报》上都发表相应的文章，探讨尺度效应和尺度转换方法。这种时刻关心国家需求和投身科研一线的精神是每个科研工作者的榜样，理应传承。

李老师在学术上有着巨大的贡献，但他本人仍然非常谦逊，他挂在嘴边的一句口头禅是"我说错了你纠正啊！"一开始，我对李老师是非常敬畏，常常不敢多说话，但时间久了，敬畏变成了敬爱，因为即使是批评，李老师也是笑呵呵地说着。印象中，好像每次和他说话，他都是笑呵呵的。有一阵子，我们觉得李老师特别像朱德庸漫画中的老子（李耳），大大的脑门，笑起来眯起的眼睛以及嘴唇上方的一绺胡子，简直神似极了，并且李老师和老子一样都姓李。李老师和老子有着同样的大智慧，道骨仙风，在物质生活上"出世"，布衣布鞋，拒绝了中科院分配的"院士楼"，一直住在北师大简易的公寓楼里，在精神世界里却留给了世人无穷的财富。

对于学生，李老师也是非常关心。还记得我第一次参加元旦聚会，往届的师兄师姐都来了，非常热闹，但那时我还是新生，对大家还不甚熟悉，性格又比较内向，就一直坐在角落，没想到李老师就注意到了我，点名说"你也给大家表演个节目吧，别干坐着，要是害怕的话让吴老师（师母）陪你一起。"那么多学生欢聚一堂，李老师还能关注到我，我内心非常感动。有一阵子，我对自己非常没信心，对李老师说"我恐怕不是块做科研的料。"李老师却问我："你有没有兴趣呢？有兴趣做就行，慢慢做，总会有进展，做科研本来就是从无到有，探索未知，本来就不是件容易的事，不要因为一时没进展而轻易放弃。科研中的瓶颈，如果追根溯源，善于理顺，就会发现最关键的不过是一两个根本性问题，人的一生能突破这一两个关键点就足矣了，所以急不得躁不得！"当李老师得知我对灰霾的遥感监测有兴趣，就从他的科研创新基金里拨出一笔钱专门支持我做这方面的研究；在山东济南召开"第11届大气科学和空气质量国际会议"时，他也特意带我去参会，并让我做了一个相关的口头报告；他还帮我联系到广州市环境监测站，参与到广州亚运会空气质量监测工作中。我是一个资质平庸的人，但李老师本着有教无类的原则，只要我有兴趣，就一直鼓励并支持我做科研工作，我内心的感激之情无以言表。在众多李老师的学生中，我不是唯一得到李老师支持与帮助的人，而即使不是李老师的学生，只要有需要，他也都会尽力给予帮助。我想这就是为什么李老师能得到这么多人敬爱的原因之一吧。

　　啰啰唆唆写了一堆，只叹文笔不佳，不能触及老师神采之万一，谨以此文纪念恩师，盼世上再多一些李小文老师这样的好科学家，这般的好老师！

（本文作者工作单位为中国科学院遥感与数字地球研究所）

忘不了

黄华国

恩师去了。

去得很突然，没有像我们所期待的那样战胜病魔，再次谈笑风生。

去得很遗憾，终究没能等到和自己的孩子见上最后一面。

师兄弟们陆续赶到，相顾凄然。没想到大家的相聚竟然是在恩师辞世之日。

回想过往的点滴，只叹命运不公，为何不让善良正直的老人为我们继续引领前进的方向，为社会继续带来正能量。

忘不了李老师的有教无类。即使是一个本科生的邮件，李老师也会认真回复。无论背景如何，只要愿意读，李老师都愿意接收。我在北京林业大学专业背景并不强，但是李老师也是一视同仁。

忘不了我们学生开小组会，李老师无论多忙，都会赶到会场认真听大家的报告。有一次，他从外面开会回来，没有吃饭，就自己带着饭盒和一瓶"矿泉水"，边吃边听，尽管矿泉水瓶里面装的是二锅头。还有一年中秋节，我们聚在一起开会，李老师给我们趣谈中秋节的历史。有一次，有位学弟做报告，因为阅读文献不够，李老师开玩笑说"自己导师的论文都不通读，还想不想混了。"这惹得大家一片笑声。

忘不了我毕业后，每次找李老师汇报我的最新进展时，他虽然显得很疲惫，但是他和师母对我取得的成绩还是非常欣慰的，总会给我带来无穷的信心和动力。

忘不了尺度研讨会上，李老师问我"尺度"的含义，尺和度有什么区别时我的窘迫。虽然我都是别人的导师了，在李老师面前，我仍然是个学生。

忘不了科学网上，李老师活跃的痕迹。他博文的涉及面五花八门，很多看法其实我是不太懂的，但是让我意识到其实做学问不仅仅是自己的一亩三分地，思路应该更开阔。

忘不了的还有很多，不想忘却，以作怀念。

恩师，一路走好！

师母，请多保重！

（本文作者工作单位为北京林业大学）

科学令名岂止文章著　侠肝义胆更有柔肠情

焦子锑

　　恩师仙逝，几次想执笔写点东西以悼念，千言万语竟不知从何处着手！

　　记得恩师临终遗言，大意为希望他的去世不要影响大家的正常工作与生活。因此，在此我不想长篇大论，违背恩师意愿，但不写又不能自抑感情之流淌，正值实验室为恩师的仙逝征集挽联之机，参照波士顿大学杨博士的挽联格式，我也拟了一幅挽联，以在遗体告别时表达追思之情：

　　　　水土光、人生气，科学令名岂止文章著？
　　　　粗布鞋、轻便装，侠肝义胆更有柔肠情！

　　"水土光、人生气"是恩师生前博文《水土光、人生气——遥感科学的定位》中的内容，恩师生前常说，科学要追求简洁，"水土光、人生气"便是一例。大家有兴趣可以借助搜索引擎，从网上查询博文内容，以详细了解其内涵。值得一提的是，恩师生前常常借助科学网博客为载体，书写生活的点滴感受和重要的科学思想，如尺度效应等科学研究前沿问题。他把博文分为生活点滴、历史杂谈、科网外传、海外来鸿、课件科普、怪哉虫儿几个类别，有专业知识讨论、学习心得分享，也有对时事热点事件的关注及评论。自2007年7月29日在科学网注册开博，7年多时间里，他笔耕不辍，在科学网累计发表博文多达1878篇！

　　个人愚见，恩师在定量遥感方面上的贡献，以1985年至1995年期间创建几何光学模型系列最为著名。近年来，他在科研、社会工作之外，以科学网博客为载体，随性地表达了对国家、社会、科研、生活等方方面面的关注。上联的"科学令名岂止文章著"就是想表达这样一种实情,"名岂文章著"是杜甫《旅夜书怀》中的诗句。在此,主要是想借该诗句表达恩师的贡献远不止科学文章方面。

2014年4月,恩师一身朴素黑衣,不穿袜子,穿黑色布鞋在中国科学院大学讲座,被拍照并放在网上,使他一夜爆红。有网友觉得恩师是现实版的"扫地僧"——一个沉默、不起眼的小角色,却有着惊人天分和盖世神功。其实,恩师生活俭朴是他的本色,对于网上对他的报道他也很不好意思,但也从此注意了一些着装,在正式的场合中也开始穿起了皮鞋。但我又注意到一个细节,他穿皮鞋竟然也不穿袜子,我又偷偷提醒他,他笑了笑,有些不好意思地说,我也没想到,小时候不爱穿袜子,时间长了,就不习惯穿了。说起"轻便装"的典故,要追溯到2001年他获长江学者成就奖去人民大会堂领奖的场景,当时恩师身穿便装,陪同的还有北京师范大学钟校长,钟校长当时身着正装。后来,钟校长回忆起来风趣地告诉大家,颁奖时,因为恩师的穿戴,颁奖人还误认为钟校长是获奖者。其实,恩师一生简朴、性情率真、生活随性、不修边幅,我现在仔细回想,自1999年考入北师大读研,几乎是与恩师朝夕相处,竟一次也没有记起他穿过正装。

2001年恩师当选为中国科学院院士的时候,记忆中好像是在英东学术会堂召开了一个会,会上本来他没有准备要发言,但主持人临时请他谈谈感受,我记得他当时说的大概意思是:在选院士的时候,有老先生带病力荐,他很受感动,所以他要讲"哥们儿义气",努力工作,报效祖国……参会的老师和同学没想到恩师会用带着浓浓四川口音的普通话说出"哥们儿义气"这个词,用来表达他当选为院士的感受。他接地气的风格、率真和风趣一下子给严肃的会场带来了欢笑和长时间的掌声……另一个被网友们广泛传诵的例子,可能要算他在汶川地震期间的博文《遥感道歉》中写道:"我们搞遥感的，真是恨不得打个地洞钻下去，就算地震殉国算了。"作为一个有良知的科学家，他是如此肝胆相照、直白地表达了忧国、忧民之心！

恩师不爱去医院，更不喜欢住院，无奈住院时，在住院期间也不允许别人（尤其是学生们）去探望他，他总觉得把时间花在这些方面不值得，是浪费时间。因此，学生一去，他就马上撵人走，不明原因的护工大姐，一开始都觉得恩师的作法有点不太近人情，但过了几天也就慢慢习惯了。我去探望时，大多数情况会在门外偷偷看上一眼，一旦被他发现，就谎称在科研上有难题要向他请教，或在某一个历史问题上有疑问。恩师精通历史，尤其明史，我去探望之前，总要准备一些科学问题，或在网上找些明史资料用来临时抱佛脚，这样也可以陪他待久一些。那是几个月前，他出差回来，得病住院，晚上9:00左右我去看望他，师母回家去收拾第二天要带的东西，他正在小睡，我在门外待了一会儿，觉得他不会马上醒来，于是就进去坐在凳子上想小陪他一会儿。没想到他忽然醒来，我赶紧从书包里拿出一张之前已准备好的流程图，那是他一篇关于尺度效应的文章，讲一个关于尺度效应的方法框架，我做了一幅简单的流程图，说不知道对不对，想请他把把关。他躺着仔细看，可能看不清楚，就让我把他扶起来。他仔细看了看说，"大概是这个意思吧。"坐了一会儿，我找不到科研方面的话题了，他便开始撵我走，我有点耍赖，不愿意走，他颤抖着要站起来送我，平时这种情况，他会请师母代送。我吓坏了，赶紧扶他躺下……《易》曰："有大者，不可以盈，故受之以谦。"恩师是一位真正"有大者"，但他那谦逊的态度，深深影响着现在已身为人师的我……

追忆往事，犹历历在目，泪眼婆娑中，似乎又见他坐在低矮的小竹凳上，低头看文献的身影；似乎又见他一步两台阶，匆忙地在地遥学院忙碌的身影；似乎又见他在科学网上，为他那挚爱的桃花岛博客笔耕不辍的身影……呜呼！苍天为何要如此仓促地带走这样一位仁慈之长者，遥感之伟人！难道天堂之上亦有什么科学难题有待他去攻关？他走之后，难道真的是世间再无"扫地僧"？

水土光、人生气，科学令名岂止文章著？

粗布鞋、轻便装，侠肝义胆更有柔肠情！

呜呼！撰此悼文，借风之力给天堂的恩师带去问候。虽然，您如"庄周梦化蝶"般参透人间生死，但是，如有来生，我祈祷仍做您的学生，仍愿受教于您之左右，攻坚于您之团队。恍惚之中，又似乎听到您之殷殷嘱托、谆谆教诲，"如果我是扫地僧，中国像我这样的扫地僧仍有千千万万！"

呜呼哀哉！借此悼文，以寄哀思！

（本文作者工作单位为北京师范大学）

回忆李小文先生二三事

刘 锐

2014年12月8日,由国家环保部环境卫星应用中心和中科宇图公司主办的《空气质量遥感监测技术研讨会》在北京召开。之前,我们早早就把邀请函送给了李小文院士,期盼着他能出席这次全国性的研讨会。李院士来啦!李院士来啦!大家格外地高兴。吴老师悄悄告诉我,最近小文身体不太好,只能坐一会儿,不讲话,我们连连点头称是。看着他虚弱的身体,我心中涌上一丝担忧,但想到他前几次犯病,最后都能化险为夷,似乎又有了一分宽慰。当握着他瘦削的手送别他时,我还低声地嘱咐他,好好休息,过些天去看您,再作详细汇报!他催促我们快回去,别耽误了开会。但是,我怎么也想不到,这竟然成了我们的最后一次见面。

2015年1月10日下午两点左右,我们正在中科宇图公司开会,忽然接到了李小文先生因病于13:05分逝世的消息,噩耗使大家无比震惊,伤心,哀痛!会议中断了……

毫无疑问,李小文对我们来说,是遥感和地学界的学术泰斗,院士,教授,中心主任,长江学者……但同时,他更是我们做人的老师和可信赖的兄长!这些天,他的音容笑貌总是萦绕在我的脑海里,往事常常浮现在眼前。

大约是在1997年春夏,我参与了总部设在华盛顿的国际中国环境基金会的部分工作。一天,收到了厚厚一沓项目申请书,申请人是波士顿大学的李小文。项目书提出运用遥感技术,监测三峡大坝地区的生态变化、水土流失、森林覆盖变化等,防止三峡大坝对周边地区生态环境的影响和破坏。我感叹于他当时已创立了 Li-Strahler 几何光学模型，是遥感领域里的著名学者，身在美国，却惦念着三峡工程对环境的影响，想着如何用掌握的知识为人民，为国家做点事。从此，我记住了李小文这个名字。

2004 年，我从美国回国发展，在京师大厦见到了李小文。同去的还有齐晔、戴永久，记不清是谁带了一瓶五粮液，他凑了 4 个杯子，没有任何下酒菜，我们 4 人围绕如何更快地发展中国的遥感、GIS 的话题，边喝边聊，好不开心。小文常说他对学生的观点是"有教无类"，只要愿意跟他念书的，他都愿意带。实际上他对海外归来的遥感、GIS 专业学者，也秉承相同的观点，不管来自哪个国家、哪所大学、哪个学派，只要愿意回来，他都真心欢迎，鼎力相助，目的只有一个，尽快地发展我们国家自己的遥感科学和地理信息科学。

谈话持续了很长时间，一瓶五粮液慢慢见了底，我看到了一位宽容随和、谦虚低调、和蔼幽默的兄长，因而对他的敬佩和信任倍增。更令我感动的是，当天晚上，他以北京师范大学地理与遥感科学学院教授委员会主任的名义，召开全体教授大会，正式把我介绍和推荐给大家，在我做了自我陈述和答辩后，李小文亲自主持了投票，聘任我为该学院地理信息学教授。近年来，从海外回国的遥感、GIS 学者，有多少人是受到了李小文的影响和帮助，具体数字不详，但我觉得，不会在少数。

李小文院士做学问，不是高高在上，不是躲在象牙塔里，他总在想着如何将科学技术应用到实践中去，他注重产学研结合，盼望着科研成果能落地，生根，开花，结果。2009 年，他鼓励我进入中科宇图天下科技有限公司，组建中科宇图资源环境科学研究院，致力于数字环保技术的发展、推广和应用。2011 年，在他的主持下，《数字环保理论与实践》这本书出版发行了。

一次，他对我说，你到中科宇图来主持研究院工作我很放心，这是一个产学研结合的很好平台，一定要把它办得与中科院的研究所不一样，要让科研成果接地气。中科宇图是小文关注比较多的企业，对企业在空间信息技术和环保信息化领域的快速发展做出了巨大贡献！并多次强调要严格按照国家政策和法规发展公司，不要偏离科学技术为大众服务的理念。他还亲自为公司提出"集天下科技，创宇图未来"的发展思想。

一次，他在外地出席一个环保方面的会议，会上他有一个专题讲话，他自己本已做了充分准备，但在开会的前一天，突然给我发来短信，问"能不能借我两个例子"。我当时还不太明白，事后想想，他一定是想结合实际，不想只讲理论。他的虚心好学、不耻下问让人钦佩，调皮幽默令人莞尔。

2004年暑假，我的家人从美国回来，我们和齐晔、戴永久两家人，在师大兰蕙聚餐，也把小文请来了。他悠闲地抽着烟，笑眯眯地看着天真活泼的几个孩子追跑嬉戏，不知是不是也想起了他在美国的家人。当我向两个女儿介绍他时说，李老师可是大科学家啊！小文仰头大笑，说："知道我女儿怎么说我吗？她们说，你是哈子科学家，整天都看你在睡觉嘛！"以至到现在，偶尔在家里提到小文，孩子们会马上反问，是那个爱抽烟爱睡觉的聪明人吗？（Smart, Smoke, Sleep，她们当时大概没注意到，他玻璃杯里装的是酒，不是水！）

一次和他在四川出差，由于和他们夫妻是同乡，我们有时用四川话交谈，大家对成都的许多地方和事件都很熟悉，话题自然而然地就转到了1965年他在成都电讯工程学院写了一篇反驳姚文元《评海瑞罢官》的文章，后来演变成严重的政治事件，继而影响了他的学业和分配。要知道，在那个年代，这种罪名是会惹来杀身之祸的。时间已久，对这件事情的前因后果，我的记忆已经有些模糊，但他一个18岁理工科大学生不畏权威，敢于直言，令我印象深刻，也为他"初生牛犊不怕虎"的胆量和稚嫩而语塞。聊到最后，他总结了一句话，我真真切切地记得：假话不能说，真话有时也不能乱说。（乱：四川话，有随意，随便的意思。）

我太太曾经是他博客的粉丝，常跟我惊叹，这个人怎么懂得这么多，记忆力这么好，说话又这么幽默，态度还这么谦虚。真是奇人！

我们知道，任何华丽的辞藻和虚构的编撰，都有损这个名字。小文平时话不多，但说出来，句句中的；眼睛不大，却看问题精准；经常喝酒，可思路清晰；身材瘦小，但敢于挑战学术和政治权威；满腹史书经纶，却貌不惊人；看看他的学术履历，没有多少人能够企及，他却如此低调。通常，一个人能实事求是地评价自己，已属不易，可他呢？太不在乎自己！相信通过大家的点滴回忆，能勾勒出一个更加丰满的李小文！我们学不了，也学不会他，但我们敬佩他，怀念他！毕竟当今世界，这样的人太少！

（本文作者工作单位为中科宇图天下科技有限公司）

悼恩师

马茵驰

　　这个周末，异常迷茫，思绪里尽是先生的音容笑貌，谆谆教诲。稍感安慰的是，2014 年去先生家看望了他，聊了聊工作、生活。也曾与先生一起出差，研讨，学习，体会。能够在最后一刻，送先生一程，作为学生、晚辈，是最大心愿了。

　　先生的精神将永远环绕在学生脑海之中、铭记在心里，在学生迷茫时指路，得意时降温，失意时鞭策。

　　千言万语，此时此刻，都不知如何表达，凌乱的文字，应该也符合先生一贯广博跳跃的思维。

　　我知道先生向来是唯物的，是实事求是的，但此刻，我执拗地唯心一些，愿已在另一时空笑傲江湖的恩师能够为我们这些弟子的成就或努力感到欣慰。

　　谨以此诗悼念李小文老师。

归魂词

归魂一曲摧人醉，谁人能解杯中泪。
愁云万里悲暮色，怒海凶涛恸风随。
昨日才承君妙笔，今朝怎忍对空人。
但留科研一点真，书酒长歌别英魂。

（本文作者工作单位为北京市水产科学研究所）

沉痛哀悼李小文老师
—— 一个大好人

毛克彪

2015年1月10日早上,看到肖青师兄在QQ群留言:"李老师病重,在京者可来306医院探视。"我有种不祥的预感,立马打车直奔306医院北楼四层消化内科九病室。我在门外看到了肖青师兄、王鹏新师兄、朱师兄以及王锦地老师。李老师躺在病床上,几位医生正在尽力抢救……

我跟李老师交往不少,能得到他的关心真是我一辈子的荣幸。

李老师是我在中科院遥感所读博士时的所长,他特别关心青年人的成长。2007年李老师在了解我的研究成果后,推荐我申报中国科学院优秀博士学位论文。

2008年初,中国南方雪灾,李老师主动组织大家承担监测灾情发展的任务,深夜给我打电话说:"克彪,你导师(施建成)不在国内,现在南方雪灾非常严重。南方天气太复杂,可见光和热红外遥感无法派上用场,微波的常规算法无法监测雪情。现在国内各个灾害监测中心无法做出遥感雪灾分布图,国家遥感中心和国务院等着我们遥感界拿出雪灾发展分布图,你能不能想想办法做做这个事情?"李老师找我,我无法拒绝,但南方天气确实复杂,全国其他业务单位无法做出结果,我确实也没有把握,但硬着头皮答应下来,和李老师沟通,用了两天两夜的时间,加班加点将雪灾情况分布图做出来并提交给他。李老师修正后提交给了国家遥感中心和国务院信息办公室,国家其他相关部门后来也是采用我们提交的图件。在国家重大自然灾害面前,我们给遥感界争气了。而李老师总是把成绩归功于年轻人,在很多场合表扬了我,甚至很多非遥感领域的人也都知道了这件事情。之后，他还特地给我写了一封推荐信，推荐我申报全国优秀博士学位论文。虽然几次申报都名落孙山，我有些气馁，但李老师总是鼓励我，还在他的973项目里面特意立了一个小的子课题，做雪灾监测研究。他对青年人的成长给予了无微不至的关怀，这在当今中国绝对少见。

2014年9月，李老师特意给我写了一封推荐信，推荐我写一本专门关于地表温度反演的专著。让我系统地介绍一下地表温度反演。我从事地表温度反演研究14年，从高分辨率的ASTER到中分辨率的MODIS，再到低分辨率的被动微波数据AMSR-E，做了个系列的研究，他认为我写这本书可以给国内很多做这方面研究的人作参考，特别是硕士研究生。我的著作还没有完成，先生却驾鹤西游，让我倍感心痛。

李老师为中国遥感事业的发展，不但贡献了自己毕生的精力，还尽力为遥感界培养人才、推荐人才，具有毫不利己专门利人的精神，堪称近代遥感史上少见的大师。

（本文作者工作单位为中国农业科学院农业资源与农业区划研究所）

沉痛悼念　深切缅怀

邱玉宝

日内瓦与北京时差 7 个小时，周六上午 8 点多，由于家里网络断了，驱车到办公室加班，见到的第一个信息就是学生发来的李小文先生辞世的消息。我很震惊、惋惜，萎靡地等着看新闻。李院士于我来说是一位又近又远的遥感所和北师大的老师，其人、其事对我影响深刻，他对年轻人的关怀无处不在。

认识李老师，是因为我进入遥感所国家重点实验室师从施建成研究员学习微波遥感，由于导师有时在美国，我们较为自由。遥感所海外教授专家云集，交流和往来频繁，学生也常常受到各流派学术做法的熏陶。李老师作为遥感界的院士，影响力最大，他的多次报告讲述了其求学和研究发现经历，也有一些是我在网络上看到的北师大报告摘录，他的行为就像传奇一样影响着我们——学会找到兴趣点、独立思考和善于求真。

第一次"非正式"见面是在大气所，当时一个会议结束后，学生都想回遥感所，在门厅等着叫车，里面走出来一老头，眯着眼，抽根烟，不想还递给我一支烟问"抽不抽"。我一看这不是李老师嘛！我说不抽烟，在等车呢，他问我们几个人要不叫他的司机送我们回去，身为学生的我十分不好意思，委婉谢绝。随后他问我是不是施老师的学生，学习微波做什么方向，我如实一一作答。这就是首次照面了，也未能多交流，感觉李老师也挺关注我们的。

2007 年，我和同年级遥感所几位在读博士（黄华兵、闻建光）以青年学生名义发起和组织了"首届全国遥感与地理信息论坛"。当时，逐年增加的遥感科学研究人员使遥感凸显着广阔的应用前景，我们征求了遥感所研究生处和国家重点实验室的建议后，按照自己的考虑，让研究生们有一个分享自己想法的舞台。经过对提议的密集讨论、意见的筛选和改进，9月17日迎来了首届论坛的开幕。我们没想到会有近400人参加，更加没想到的是李小文院士也来参加了开幕式，而且还给论坛带来了礼物——一棵大盆栽树。我至今仍清晰地记得，几个人从科图大礼堂后面的房间抬着那棵大盆栽的情形，闻建光等带领着几个人把它安放到了主席台前，那真是高兴。我作为首届主席，感觉自己迎来的不只是一棵盆栽，更是一种认可，一种关怀和鼓励。那棵盆栽寓意深刻——绿树长青。经过多年的发展，在遥感所和后来合并后的遥感地球所的重视下，现在论坛已经开办到了第三届，我们也希望论坛能像李院士赠予的盆栽一样一直长青，不辜负前辈泰斗的关心和关注。

2007年后，我去芬兰学习微波遥感，依然关注着遥感网上论坛发展，自己在国外新信息较多，关注国内的发展，当时发现李老师在科学网开始活跃了，我很希望李老师成为我们论坛特别的网络交流专家之一，于是在科学网上留言给他，他欣然同意，并让把他遥感方面的文章转载到论坛上。我备受鼓舞，网络论坛维护一直持续到2008年年底我回国走上工作岗位。

此后，因我在外工作，几次与小文院士的断续交流都在网上。近年来，在一个研究专题里面，从李老师的邮件发现他也参与了项目的细节管理事宜，感觉很是亲切。本以为还可请教和学习，前几日看他的博文还活跃呢，不承想我还未回国，他就已离我们而去了。悲痛遥感界痛失了一位大师，我们失去了一位可敬可爱的老师。

李院士对年轻人的关心和支持，润物细无声。愿李院士一路走好！

（本文作者目前在芬兰）

一辈子奉献祖国和社会

田海静

上次见李老师是 2014 年 9 月 21 日晚上，当时有着急的事情找李老师签字，晚上 9 点半跑到他的家里，当时李老师已经关灯了，我敲门都觉得非常不好意思，李老师开门后第一句话就是："请进，辛苦你了。"进门坐在沙发上，李老师要给我倒水，问我怎么过来的，我说打车，他又说："辛苦你了，晚上还要打车过来。"

李老师拿过要签字的材料，很认真地看着，并用笔在材料上修改，改完之后签好字。他和我讲"健康大数据"的知识，让我们以后关注这方面的知识。我当时没有带本子，李老师从里屋拿出来一个很可爱的粉色本子送给我，笑着说："以后出门带着本子，记点东西。"

大概过了 20 分钟，我说要走了，李老师说等一下，又去里屋拿出一个袋子给我，里面有一些核桃和苹果，说"这个你拿回去，给曹老师和组里的同学们吃。"他问我怎么回去，我说打车，他又说："辛苦你了。"

我说了再见就想开门走，李老师走到前面给我开门，我说自己开门，李老师说这是应该的待客之道。把我送出门口，送到电梯，按电梯，直到我进了电梯，电梯门关了，李老师又说了一句"辛苦了。"

那次见他觉得他身体硬朗了些，我还挺高兴的。

2015 年 1 月 10 日，我听同学说李老师病危，在 306 医院。当时我正在新东方上法语课，急忙请假赶到 306 医院时已是中午 12 点左右。当时李老师已经重度昏迷，我在医院停留了一会儿就回到所里了。可就在 13:05，李老师永远离开了我们。我非常懊悔，为什么不多在医院停留一会儿，多陪李老师一会儿⋯⋯

1 月 12 日下午，我们随曹老师一起去看望李老师的爱人吴老师，吴老师悲伤地说："李老师生前的愿望就是不要浪费国家资源救治他。""他生前有两大心愿：一是做'大数据时代的大地图'研究，二是好好编一本教材。这两个心愿都为未来遥感界的发展指明了方向。"

每次聚会吴老师都要带着小本子，小本子上写着李老师每个学生的姓名、电话、研究方向，而且只要见一次，吴老师就能记住每个人的姓名和研究方向。李老师在北师大、遥感所、电子科技大学有近百名学生，真是难为吴老师了。李老师和吴老师都是让人非常敬重的师长。

这一切就恍若梦境一般，真希望自己是在做梦，李老师和蔼可亲、平易近人、正直善良的音容笑貌一直浮现在我的脑海里，就像昨天的场景一样。

他是一辈子奉献祖国和社会，只知道帮助他人，却从不向别人提要求的好老师，从来不说假话的科学家、院士、院长和所长。李老师走了，世间再无"扫地僧"。

李老师的品德和修为，乃至他的学术成就都达到了空前的高度。李老师走了，但是他的精神永存，他的故事会感动这个社会的很多人，给社会带来巨大的正能量！

身为李老师的学生，我觉得羞愧，身上欠缺李老师的品格和修养，但从今天开始，在日后的做人做事等方面我都要学习李老师，做一个有大爱之人。

李老师一生璀璨，仙逝后光芒仍照耀后辈。

（本文作者工作单位为中国科学院遥感与数字地球研究所）

追忆李小文老师

谢东辉

李老师离开我们的这些日子,一直恍惚,总觉得似在梦中。前几天同事在收集整理回忆李老师的文集,问我是否也要写一篇。我想了想,还是没有写。一来觉得自己文笔不好,二来觉得任何文字都无法表达那种逝去之痛。最近午夜梦回时,眼前经常浮现出与李老师在一起的点点滴滴,终于决定还是要写点什么,以表达我的思念。李老师在天之灵,能否感受到我们的哀思?

第一次认识李老师是缘于李老师撰写的一本书《植被光学遥感模型与植被结构参数化》。后来我才知道,那本薄薄的绿皮书被大家亲切地称呼为"绿宝书"。直到今天,我仍然不能完全理解"绿宝书"的内容。

第一次走进遥感中心有点小失望,十几个人(学生)、七八杆枪(老师),破旧的办公室。即使是院士办公室也好不到哪里去,一张发黄的办公桌,一张长沙发,平时用来会客,中午当床小憩。随着逐渐与老师接触,感觉他特别平易近人,而作为院士竟然有那么多"鬼点子"。记得有一次,一位师弟兴奋地说,他收到了院士的大礼包!原来,李老师为了提高学生学习的积极性,前一天晚上,等到所有学生都离开机房后,把一份礼物放在机房,奖励那个第二天第一个到办公室最勤奋的学生!如今,那位师弟已经学有所成,在美国工作。

李老师的生活很朴素,对物质生活的要求很低。但是,他却特别体贴和关心学生的生活。记得我读博士的时候,李老师经常提着水果到学生机房来慰问,每人分两个水果。但是嘴上却说:"大家帮帮忙啊,我吃不完,别浪费了。"然后很羞涩地笑笑,似乎我们真的帮了他多大的忙一样。

李老师任遥感所所长的时候，白天太忙，很少来办公室。但是，晚上都会来办公室，风雨无阻，即使节假日也不例外。每天晚上，闻到楼道里面淡淡的烟草味就知道李老师来了！记得2007年的五一劳动节，晚上十点多，李老师走进机房，看见我们几个人仍然在，就说："你们怎么没有出去玩啊？不能老是学习，也要适当放松！我请你们去喝咖啡吧。"于是，我们在北师大东门的咖啡厅里坐了一个多小时，听李老师讲他的人生经历和各种趣闻，让我们见识到李老师的风趣幽默。他的很多人生哲学都蕴含在不经意的语言中。当听说李老师从1986年以后就没有休过节假日，我很震惊，在这个纷纷扰扰、充满各种诱惑的世界，这种坚持需要多大的毅力啊！

李老师为人很随和，但是做起事情来却很认真。有一次，他因为有一个重要的会议，让我帮他去中国科学院代讲一次课。他的那个课件我已听他讲过好几遍了，自己又看了十几遍，自认为万无一失了。但是，在头一天晚上，李老师坚持让我先给他讲一遍。然后，就在他的办公室，我坐在他的老板椅里，而他坐在那把小竹凳上，一遍又一遍地纠正和指导我每一页PPT应该怎么讲，重点是什么。两个多小时后，我已经汗流浃背，为自己曾经理解的浅薄和无知感到羞愧。第二天，李老师让他的司机先把我送去讲课地点，然后再送他去开会。在车上，李老师看出了我的紧张，安慰我说，"要有自信！"如今我仍然记得，当我走上讲台时台下那些学生失望的表情。

最近几年，李老师身体不太好，来办公室的时间也少了。我们把讨论的地点从他的办公室搬到了他家的客厅或者医院的病房。每次去他家，他都很客气，一定要让吴老师端茶倒水。记得有一次李老师住院，黄老师说，"李老师这几天又吵着要出院，还把去帮忙陪护的老师和学生都赶走了，怕耽误大家的时间。他只欢迎去跟他讨论学术问题的人！"我于是想了一个问题，然后就跟着黄老师去看李老师了。结果，刚到病房门口，就听见李老师操着一口四川话在发脾气。黄老师赶紧拉着我进了病房。吴老师看见我们，无奈地笑笑。原来，李老师又吵着要出院。李老师本来在躺着输液，看见我们进来，一定要坐起来，并且一再让吴老师找出各种食品给我们吃。我不禁汗颜，自己空手去看李老师，反而还要吃李老师的补品。李老师看我坐下开始吃东西了，然后就问我，最近怎么样？我赶紧把我近期的工作汇报了一下，然后把我的困惑和问题提出来。我一直在做计算机模拟模型，现在感觉做模型没有思路了，不知道接下来该做什么。李老师很耐心地给我解答。他觉得，科学追求简单性原则，而模型更应该向简单化方向发展！谈了一会儿，李老师就叮嘱我赶紧回去，好好工作！回去的路上，我还在回味李老师的话。虽然，本意是想陪李老师聊聊天，打发一下他沉闷的住院生活，但是，这短短一席话，受益最多的却是我！

　　回忆这十几年来的点点滴滴，感受着李老师的平凡与不凡，而今只剩思念与悔恨。恨不能抓住跟李老师相处的机会多多请教，恨不能把李老师交代的任务按时完成，恨不能在李老师生前实现他提出的很多想法……

　　李老师，我想对您说，我会继续努力，完成好您交代的任务，不让您失望！

（本文作者工作单位为北京师范大学地理学与遥感科学学院）

一生大爱

徐 敏

　　与李老师结缘纯属意外之喜，之前在武汉读书的时候就早闻李老师的大名，没想到竟然有幸拜入他老人家的门下，这还得感谢我的另外一位导师曹春香研究员，通过她我才得以进入李小文老师的世界。入门的时候曹老师说："成为李院士的弟子，既是你们一生的荣光，同时也将给你们多一份压力，你们得比别人更加努力来维护院士弟子的这一份荣耀。"

　　第一次近距离接触李老师是2008年秋季开学前，我们3名遥感所新入学的李老师学生跟随曹老师前往北师大李老师家中汇报我们的研究方向。李老师住在北师大的一栋普通住宅楼里，刚进家门的时候我感到非常的惊讶，客厅是一个10平方米左右的小屋，摆着几张老式沙发，围着个茶几，一台CRT电视，一台电脑，没有任何修饰，朴素而紧凑，这就是院士住的地方吗？怎么跟我想象中的不一样？李老师则还是印象中消瘦的脸庞，大部分时间都是安静地倾听，听到感兴趣的地方会忽然提出一两个问题。汇报结束后李老师留我们在师大餐厅吃晚饭，席间他让每个学生点个自己喜欢吃的菜，我开始点了个清蒸鱼，旁边同伴提示我李老师不吃鱼，我赶紧换了个菜，在我们点完菜的时候，李老师悄悄地把服务员招呼回来说"加个清蒸鱼"！

　　读博期间，给我印象最深的就是每两周一次的小组例会，由于李老师在北师大和遥感所都带有学生，所以每两周李老师就会把两边的学生聚在一起就近期研究进行讨论交流，由北师大和遥感所轮流坐庄主持。虽然大家的研究方向都相差较大，有做水资源的、有做反照率，有做传染病的，李老师总是认真听完每一个学生的报告，并能一针见血地指出各自研究中关键问题的所在。大家虽然对彼此的研究方向不是很熟悉，但每次讨论都非常热烈。

记得科学网上有位先生评价李老师说："李小文是个有大爱的人。"我觉得这是对李老师最贴切的评价。从 SARS 爆发到汶川地震，他都时刻想着如何让自己团队的研究成果能够服务于社会和人民。

有件事我记忆犹新，2009 年李老师为了帮助孙爱武博士后，面试他来北师大做顾问，有记者混入并拍照宣传，事后有很多不明真相的网友对李老师进行暗讽，有的说李老师为了博取名声，有的说李老师私调公家的资源……我们都非常气愤，因为李老师一直是个非常低调的人，记者是孙博士带进来的，事前李老师并不知道记者的身份，而且李老师面试时承诺给孙博士每月 4500 元的专家费，其实是李老师从他的工资里挤出来的。我们让李老师把真相说出来，李老师则摆摆手："我本意只是想帮助他，如果我说出来反而会害了他。"当然，我是气不过，就到科学网上在攻击李老师最厉害的某博主主页里留言大骂一通。

李老师无时无刻都在思考问题，两年前有一次他病重在 306 医院住院，有天晚上我在陪护，他半夜醒来忽然要跟我讨论"不同尺度下蒸腾和蒸散的问题"。就在半个月前，我去看望李老师，他得知我上班要乘坐两个小时的地铁，便鼓励我说："当年我在美国留学的时候，很多研究方法都是在地铁上思考的。"李老师在弥留之际还不停地嘱咐吴阿姨：不要上呼吸机，不要插管，不要浪费国家的资源，也不要拖累别人，让自己轻松地离去……

（本文作者工作单位为中国科学院遥感与数字地球研究所）

记忆中的李小文老师

张吴明

得知李小文老师仙逝的消息，非常难过。李老师简单、直率、真性情和不修边幅，都是我非常喜欢的，因为我本人也是如此，最不如李老师的地方就是没有他探索科学问题的头脑以及成就，但我会努力做好我该做的事情，为他老人家开创的遥感局面尽些本分。

为了纪念李小文老师，刚在科学网上申请了账户，除了打算写纪念的文字，也希望能像他老人家一样为知识、真性情的传播尽绵薄之力，能为公众做些除了抱怨以外的实事更好。

李老师，走好。

2004年我在北师大遥感和GIS中心做博士后时，合作导师是李小文老师，但因为我主要参与另外一位老师电力巡线的863项目，而且一直以来都是做三维数据采集和处理等偏几何测量的研究，与李老师偏光谱遥感的方向差异较大（在那个时候几何与光谱还很少结合起来，但近些年二者关联越来越紧密），再加上我本人不喜欢与"大人物"打交道，结果是到北师大很长一段时间都没有和李老师正式交流过。大概在2005年我第一次尝试写自然科学基金申请书，一天晚上初稿差不多完成，看到李老师在他的办公室，想请他给些建议，于是便鼓起勇气敲门进去说了我的意图。李老师问谁是我的合作导师，我说就是您，他愣了一下，不好意思地笑了笑，然后说，对不起。后来具体的谈话内容很多记不清楚了，只记得李老师问我申请书中的科学问题是什么，我反问李老师什么是科学问题，李老师没有生气也没有不耐烦，而是很耐心地启发和解释。这次交流让我感受到李老师的平易近人，而不是一位高不可攀的学者。

感受到李老师的学术影响则是 2007 年在意大利举办的一次中欧遥感研讨会，当天做完报告大家陆续坐上巴士离开会场的时候，我听到了两个外国人在低声交谈，说到 that's Li 还是 he's Li 的时候颇有敬意，感觉像见到了一直以来传说中的人物。也是那一次才知道李老师对二锅头的感情以及不循规蹈矩小孩子似的个性，为了能在去意大利的途中喝到白酒，他把白酒倒进矿泉水瓶子里……坊间也一直流传一种说法：李老师经常随身携带一个小二锅头，不时拿出来喝几口。

2014 年"布鞋院士"不经意的走红让很多人知道了李老师的不修边幅，还有一个更生动的笑话：李老师在遥感所当所长的时候，据说有一天班车都坐满了，最后上来一个不修边幅的人坐在车门口的台阶上，然后拿出一本书看。车上有人说"你看，这个民工还挺爱学习"，旁边有人告诉他"小点声，这是所长"。李老师就是这样的随性和低调。他从来不把自己"包装"成一个文质彬彬出口成章的"文化人"，他率真，怎么想就怎么说，像大家熟知的"换做自己一定认真清洗马桶，舀一碗水喝下去。但还要再舀一碗，让面试官也喝下去"。虽然骂人不好不对，但我每当看到《大话西游》结尾处孙悟空因为紫霞仙子的死而痛打牛魔王的场景时，都会被那句"我靠"所震撼和打动，那是发自心底的感情宣泄。这也是相比于衣冠楚楚、文质彬彬的某些文化人，我更喜欢李老师这位"布鞋院士"的原因，他真实、善良、正义。

2008 年汶川大地震，我和很多人一样被深深震撼，在想为什么会死那么多人，能不能做些什么。当时把一些想法在邮件里和李老师进行了交流，也就是李老师科学网博客里两篇与地震预测相关的博文，《关于地震预报问题的一封信》（http://blog.sciencenet.cn/blog-2984-25312.html）和《关于地震预报问题的通信（2）》，（http://blog.sciencenet.cn/blog-2984-25804.html）。有一天李老师找我和遥感所另外一位老师去他家里讨论相关想法，中午一起吃饭，他讲到地震中有个被埋在废墟下面的妇女，靠砸破腿喝自己血活下来的时候，他哭得很伤心，像个孩子。因此，我百分之百相信李老师写《遥感道歉》那篇博文时也一定是怀着这样的感情，他长期以来都在为遥感真正服务于民生而思考和努力。

李老师也一直很关心普通教师的生存问题，他在《敬答好友》的博文中放了河南贫困县舞阳县的贴吧链接，让大家关注"舞阳县中小学数千名教师停课罢工，抗议政府克扣工资，一直没得到回应"问题。对我们这些青年教师也是一样，在科研方面他把自己的研究生指标让给需要发展的青年教师，在生活方面也时常关心青年人，见面时总不忘问一句有没有什么困难需要他帮助。

知道李老师喜欢金庸小说里的一些人物，而我在很多年前在一个bbs发过一篇题为"男人"的帖子，写了我所欣赏的几个金庸笔下的男人，本想用那个帖子作为对李老师的怀念，可惜在那个bbs里已经找不到了。再重新概括一次吧，男人就要像乔峰那样重情重义、有胸襟、率真、公私分明，他不因自己是帮主就高高在上，而是随着自己豪爽的性子与低袋弟子豪饮，此外他虽然私下不喜欢与谨慎寡言的副帮主马大元交往，但却在重要公事上倚重他。男人也要像令狐冲那样不拘小节、率性而为，不被世俗观念所束缚，不管对方是所谓的正派邪派，谈得来就痛快喝酒，在他眼里人人平等，不管对方身份是尊是卑，交往时不卑不亢。这也是我记忆中的李小文老师所拥有的品格，真性情、不受束缚、待人平等、坦荡、热心，无论在哪个世界他都是那个不起眼但却又与众不同的"老邪"。

（本文作者工作单位为北京师范大学地理学与遥感科学学院）

为您写下的人生第一篇祭文

张丽华

得知您生病是在昨晚。简短的"老师病危"四个字让我一颤，我在心里默默祈祷，相信坚强的您一定会挺过来，就像以前一样。我时刻关注着来自北京的消息，"控制住了，但情况不好"、"老师可能抗不过去了"……消息越来越短，情况越来越糟糕。

您走得如此突然，好想再聆听一次您的教诲，再和您聊聊天，再给您倒一次烟灰缸，再陪您吃几粒花生米，再看看您孩童般的微笑和消瘦的身影……

2004年8月29日，我来到了遥感科学国家重点实验室，这是我国唯一从事遥感科学基础研究的国家重点实验室。来自塞外的我，显得那么渺小、老土，甚至是手足无措，我瞪大了眼睛看着周围的一切，竖起耳朵听着所有的信息，内心充满了新奇与不安，我必须尽快适应并成长起来。我的本科专业是计算机应用，纵然我有很好的物理和数学基础，但初学遥感的我仍然倍感吃力，甚至一度怀疑自己选错了专业。庆幸在最迷茫的时候听了您的一次课，您深入浅出地讲解复杂抽象的遥感理论让我坚定了自己的选择。您用苏东坡的《题西林壁》"横看成岭侧成峰，远近高低各不同。不识庐山真面目，只缘身在此山中"来介绍遥感的优势；您用"夕阳方照桃花坞，柳絮飞来片片红"来介绍遥感的大气校正；讲到自己的成名作"Li-Strahler 几何光学模型"时，您只是将其简单地比喻成"草色遥看近却无"……回想十多年前，是您的比喻使枯燥无比的遥感知识变得生动有趣，使我逐渐地喜欢这一领域；是您的比喻破开了遥感理论的重重迷雾，使我在遥感的道路上顺利走了下来；是您的比喻为我指明了方向，使我压力颇大的硕博连读不再那么沉重。

您做的是遥感基础理论的研究，经常教导学生们要理论联系实际，注重遥感的应用。曾有一位同门汇报基于遥感影像的洪水淹没模型，算法精确、建模严谨，感觉整个汇报无懈可击，可汇报结束后您让学生提出存在的问题。一阵沉默之后我提出了自己的观点：一是该模型未对估算精度做评价；二是该研究更重要的是要分出洪灾的等级，以便为国家合理分配救助资源和经费提供指导。您肯定了我提出的观点，您也因此记住了我的名字。

本以为您是工科出身，讲课时用几句诗也是为了增加生动性。可深入了解之后发现，您不仅对正史记载的内容如数家珍，连野史记载的内容也了如指掌。甚至知道我与南朝亡国后主陈叔宝贵妃同名，您说出时我很吃惊，但毕竟这个名字和亡国联系在一起，我也不知接什么话，您突然说"帝王把亡国的责任推卸给女人是不对的"，紧接着又补充道"满清亡国跟慈禧有部分的责任"。和您接触久了，直觉告诉我，真正的科研是需要跳跃式思维，而不是定势思维。

在您的世界里，工作、科研、生活是一体的，其间的乐趣只有您能体会。通过您发表博文的时间，觉得您基本不睡觉；看您随身携带的"矿泉酒"，觉得您很能喝酒；看着您对学生、工作人员和蔼的态度，就觉得您没有脾气……不了解您的人，把您传为是"神"、是"仙"，其实您就是一个普普通通的人，一位和蔼可亲的老师、冥顽不化的丈夫、舐犊情深的父亲和慈祥温和的外公。对待学生和工作人员时，您总是温和平易、迁就包容。可对待您的爱妻吴老师，您总是展现着冥顽不化的一面，不戒烟不戒酒，偏要和爱妻拟下一份"尊严死"的生前遗嘱，不允许在您身上使用"插管、呼吸机和心脏电击"等急救措施。您从李嘉诚基金会的奖金中拿出120万，集合国家每年颁发给您个人的长江学者奖励计划津贴设立了一项教育发展基金，帮助品学兼优或者家庭经济困难的学生完成学业，帮助青年教师健康发展。

作为院士，无论多么忙，您都会参加硕士生和博士生每两周一次的讨论，听学生们轮流汇报，您一一进行点评，虽然点评简短却总是能一语中的。您有时会在此过程中打个小盹，可每当学生们思路或方法有问题时您总会惊醒，似乎在睡梦中也听着学生的汇报。大家都格外珍惜汇报的机会，希望得到您的指点，您也会从头听到尾，对于我们的错误，您总是给出您的观点，并鼓励学生大胆地提出新见解、勇敢地尝试新想法。

您爱吃花生米，即使装着假牙也爱吃花生米，至今仍记着您说的"有牙的时候没有花生米，有花生米的时候没有牙"。随着对您了解的深入，我慢慢地理解了这句话的无奈，您曾经受过的苦和累，不想让我们再重蹈覆辙，也明白了您所说的"不会让大家饿着肚子搞科研"。作为一个女学生，我也和您喝过酒，您喝酒时总是一点一点抿着，一天也喝不了多少，也许您仅仅是在体会喝酒的感觉，借酒激发灵感吧。对于您离开的原因，大家都觉得您是过度饮酒，可我觉得根本原因是有酒的时候没有花生米，有花生米的时候没有酒，这种二者只能取其一的境遇，何尝不是一个学者的悲哀。

眼泪顺着脸颊滑落。也许您是累了，稍微休息一下，发出的邮件您会一如既往地回复，不会么？！您总是叫我"小张"，落款每次都要写"小文"；问候的邮件您会回"谢谢"；我陷于困境时您会回"祝好""祝好运"；您回复晚了会写"抱歉"；我成功了您会回"OK"；约定签字的邮件您会回"我画押"……虽然我们相隔千里，但毕业近6年来您在邮件中解答着我的疑问，您依然是照亮我前行的灯塔。您依然会更新您的博文，不会么？！您诙谐俏皮，却睿智博学，让我换个视角看世界……

当我在博士学位和孩子之间犹豫该先选择哪一个时，您告诉我：你应该珍惜上帝给你的礼物。如今我的孩子长大了，博士学位拿到了，我珍惜了上帝给我的礼物。您一句鼓励的话语让我没有与上帝的礼物失之交臂。您的话语何尝不是最好的礼物！

想着放寒假去看您，您出差我可以换时间，每年都会见面，不是么？开春之后您的生日就要到了，一起过生日不好么？您是嫌那么多学生太吵了么？

您是大牛，却叫小文；您有惊人天分，却是个"扫地僧"；您的理论是里程碑系列，却选择了布鞋院士；您可以高高在上，却平易近人……

素有"铁娘子"之称的我流着泪写下了人生的第一篇祭文。

世间再无扫地僧，世间再无布鞋院士。

李老师，一路走好！

（本文作者工作单位为内蒙古师范大学内蒙古自治区遥感与地理信息系统重点实验室）

纪念如友如父如兄的李小文院士

王 海 辉

2015年1月10日,北京的天空出奇的晴朗,朵朵白云安逸地躺在清澈的天空中,难得的好天气。上午和4个助教去沙河校区给学生答疑,下午3点多回到本部和研究生讨论算法。培训中心的 wings coffee 馆里,阳光慵懒地照在桌子上,我和几个研究生研究着算法,修改着代码。每人点了一杯咖啡,喜欢在咖啡馆里思考问题,讨论问题。相对来说比较安静的环境,适合大家各自做自己的事情。

下午4点45分算法顺利实现,与研究生相视而笑,这万里长征的第一步已经迈出去了。哼着小曲和研究生告别,开车回家,刚拐过学院桥,小苗给我打电话。因为换了手机,起初我并不知道是他的,他让我靠边停车,我心里嘀咕但还是停下了。"师姐,小文老师走了。"他悲痛的声音如电流一样击中了我,当时我的眼泪就下来了。一边开车一边哭,一边幻想着这只是个梦。

然而现实就是这么残酷,这么让人无法接受。回忆起和小文老师相处的点点滴滴,眼泪止不住地往下流。2009年我去美国访问,因为房子贷款,家里很少有积蓄,所以带去的钱很快花光了,记得当时还剩不到100美金,大使馆还没有汇钱给我,焦虑的我在科学网上发了一篇博文,里面有那么一两句提了一下钱没到啊等。细心的小文老师从我的博文中看到了,他给我的博客发了短消息:苹果,吴老师正好在美国,你把美国办公室的电话给我,她会跟你联系的,不要着急。写完博文的第二天,我正在办公室和同事 Ravi 讨论问题,接到吴老师(李老师的夫人)的电话,"苹果,把你美国的银行账号给我,小文老师让我给你转些钱过去,你先用着。"放下电话后我的眼睛湿润了,不知道说什么好,那时候我和小文老师认识并不久。在异国他乡，别人也许体会不到那时候小文老师和吴老师带给我的温暖。

第一次见小文老师，博友跟我介绍他是个院士，我怎么也不肯相信。院士在我眼里是多么高不可攀的啊！而眼前的小文老师穿着朴素，没有架子，调皮得像个孩子；关键是旁边还坐了一位大美女——吴老师。然而时间告诉我这才是学者，这才是一个高尚的人，这才是一个充满正能量的人。他称呼我苹果MM，我跟他说话也是没大没小的，还记得他因为穿布鞋而出现在各个网站，我俩还互相发了短消息。在信里，他这样写道："苹果MM，您的博文我看见了，感动ing！但我现在正被烤在火上，说什么都会被人无限解读。所以暂时不能说话。祈谅。"一般的人，巴不得趁机会炒作一下，让自己红起来呢。这个可爱的、调皮的老头，有点倔、有点可爱、有点任性。他任性地喝酒，任性地将爱、将善良、将对年轻人的关心和爱护，作为人生的主色调发挥得淋漓尽致，然后他任性地在今天离开了我们。

内疚的是，回国后，我因为甲状腺出了问题，虽然一直说去小文老师家里拜访但一直拖着未能成行。还记得几年前他出院后，小苗等人约好了一起去看他，我自己因为身体和心情原因也没有去成。现在想想很后悔，如果时间能够倒流，我一定会克服各种困难去家里拜访小文老师。

把车开回小区，打车和小苗约好了在小文老师家楼下集合。以前偶尔听说小文老师家住得一般，所谓的一般在我看来怎么也是院士，独栋别墅、跃层别墅或四居室应该至少占一个吧。走进楼道，我诧异地看着小苗，小苗说小文老师就住这个楼。门开了，我看见吴老师在哭泣，真为她心疼，世界上最疼爱她的人走了，这种悲伤我们无法体会。除了悲伤，就是震惊，房子之小之破旧我真的无法理解。在他家里，我看到最多的就是笔和电脑。吴老师说："苹果，你做的点心真好啊。"听到这句话我的心更加难过,甚至在滴血。我早应该去看望小文老师和吴老师的,可是我没有去;我早应该送点自己做的点心过去,可是我因为自己的猜测"中老年人不喜欢吃甜食"而酿成终生的遗憾。

虽然是学数学的,最终我也走向了为遥感服务的队列,这是小文老师对我的影响。小文老师对我最大的影响还是淡泊名利、善良、爱护学生和年轻人,我坚信科学网上很多年轻人跟我一样受到过他的恩泽和照顾,我一生会以他为榜样,做一个对社会、对国家有贡献的人。看淡物质,学会遵循自己的内心去生活。

小文老师,走好,您的好、您的真我们会永远记在心里。我们也会努力地工作,健康地生活,踏实地活着,幸福地活着。耕耘科学数十载,桃李芬芳誉满楼。仙风道骨驾鹤去,从此再无扫地僧。但是在我们的心里,您永远活着。我不是文科生,不会写文章、不会作诗歌,我只会将自己内心所思用笨拙的文字表达出来。夜深人静的时候,去翻看您的博文,看您和博友们的互动。想着陈年往事,禁不住潸然泪下。

如今我写博文的地方,
只见哀伤,不见笑语。
我们用笨拙的文字和眼泪诠释悲痛。
您的葬礼过后,
任博文,注满回忆和泪水。
而在回忆和泪水之外,
我们势必要继续快乐前行,
快乐到,世界都开始为您心痛。

日子，在哀伤中慢慢播放着，
关于您的一切往事。
好友眼中饱含泪水，
面对遗像中您那弯浅浅的笑容，
如初弦月微绽着低调而又温暖的光芒，
我们将对您的思念收起，
藏在心中最柔软的地方，
静静地等待它发芽和生长，
然后，然后您会看见，
有成片的森林，高高矮矮，
在祖国的每一块土地上伫立。

（本文作者工作单位为北京航空航天大学）

后会无期
—— 怀念李小文兄与科学网的美好时光

王鸿飞

和李小文兄的第一次也是唯一一次见面，是 2008 年 7 月 20 日在北师大的御马墩餐厅，记得当时是科学网前博主杨玲兄张罗的科学网博主聚会。之所以选在 7 月 20 日，是因为北师大门口的御马墩餐厅第二天要关门迎贵客。

我在这里称李小文兄，着实是因为他自己在博文中经常以"兄弟我"来称呼自己。这种称兄道弟的民国遗风，在很多台湾来的朋友那里常常可以见到，而内地现在流行的则是称"老师"。

那次见面和小文兄及科学网的其他众位博主兄弟们究竟聊了些啥，我已经不大记得清楚。我只在太太当时的照片夹中找到一些无拘无束的画面。那一年小文兄正好年满 60，在我心目中他还相当年轻，所以过去几年路过北京也没有抽时间去看看他。

自己总觉得后会有期，殊不知却只是后会无期。

我和小文兄是四川老乡，对于中国近代历史也有不少相近的看法。他在他的博文中不少的思路和表达方式，我常常是会心地笑看。他在博文中对很多历史问题和现实问题的看法很深刻，但他从来又是古道热肠，天真好义，这也正是不少科学网网友从心底里热爱他的原因。

我今天早些时候在李虎军的微博和赵彦的微信上看到小文兄去世的消息，心中的第一反应就是觉得很可惜，他老先生走得太早了。

天下没有不散的筵席，再好的人也都会离去。

斯人已逝，生者常思。

这是我对小文先生以及科学网那段美好时光的怀念。

（本文作者现在美国）

与黄老邪网络互动大略

肖重发

与黄老邪素未谋面，得以见他一面却是在他八宝山遗体的告别仪式上。

最早，黄老邪以游客"Lix"出现在科学网，而我是以游客"傻傻笑"身份出现在科学网。大概活跃了若干个月，我们都成了博主。这段时间我们应该没啥交集。

成为博主后，我貌似比较积极地在他博文下评论，互动大体是和谐的，有时候可能他觉得我尾巴有点翘，也会略微打击一下我。但具体互动我早已经忘了。

后来我偶然知道，他是院士，我查看了一下他的简历，发现他还真的是个牛人。但我同时知道，他是要求甚至刻意以普通网友身份出现在科学网上的，所以我还是没大没小地跟他互动，没有对他见外乃至生分。

老邪的博文古怪精灵，评论则是一针见血。但我印象深刻的是老邪知识的广博。大概 2008 年 12 月，我写了一篇文章介绍我的家乡江西崇义县，顺便扯了一下崇义跟邓小平的渊源，结果老邪看到后，纠正了我的错误，并特意写了一篇博文介绍了"新政委崇义作'逃兵'"这段轶事：

> 邓小平三下三上，每次"下"都有人拿这个说事儿，诬陷小平同志是敌军夜袭崇义时才跑的。好在第一次"下"时，许卓还没有牺牲，这事有人证，记录在案，否则后两次"下"时，李明瑞、许卓都已牺牲，就更说不清了。

2009年5月左右，有个博主陈应泉对"科技评价体系研究"很热心。黄老邪也积极介入。不知怎的，老邪居然把我也拉进来，我们甚至成立了研究小组，黄老邪还说，如果调研需要钱的话，他会想办法。可惜通了一段时间邮件后，此事就无疾而终，我也忙着毕业找工作了。前段时间，李侠提议科技人员排名引起科学网轩然大波，我如果不是刚才翻看邮件，一点都想不起来了，我居然曾经对此事介入那么深。

大概是2010年3月，自己混得很差，老父又脑出血，我非常冒昧地在科学网给老邪发短信息借1万块钱，这大概是我出生以来所借过的最大一笔钱了，而且是向一个从未见过面的人借。老邪二话未说，就叫我给他账号，并让其夫人吴老师给我打了过来。可这事我再也不能当面感谢了。

老邪的博文，只要不是太专业，我都会瞄上一眼，我也会暗中关心他的身体，也关注"布鞋院士"事件。但我刻意不直接跟他互动。

2013年8月开始，我跟随CY开始休博半年。其间看到老邪发文说看不懂Nate Silver的《信号与噪声》（中文版）的某个图，我看后找来英文版，并截图给他看。我知道老邪一直对贝叶斯非常感兴趣。然后老邪趁机写了一篇幽默风趣的博文（CY呼唤肖子：蕾丝短裤之谜）叫我回来写博，其中写道：

在求教：贝叶斯定理（乳腺癌例）评论4，王春艳说："我都回来了，肖子还端着不下来。很感兴趣老邪的问题，可惜手头上没书，以后也弄本翻翻，要是肖子能赏脸耗力帮大家把问题整理出来讨论，那是要非常感谢滴。"

感谢肖子，及时解答了老邪的疑问。希望响应CY妹妹的呼唤，接着回答老邪的疑问：怎么样讲贝叶斯定理，最容易被同学理解无误。

可惜我当时非常傲慢地没有理他，虽然我后来很快又写博了。这大概是我最后跟老邪的互动，2014年暑假去过一次北京，但没敢去打扰他。总觉得后会有期，但却已后会无期。

老邪有科学网这个"玩具"，我想他老人家应该是幸福的。我相信天堂一定是有科学网的镜像，否则他不会那么匆匆离去，而不管不顾他心爱的"玩具"和"玩伴"。

（本文作者工作单位为南昌大学）

本图是根据陈小润女士为李小文院士所刻木版画进行的设计创作。

(阎广建 提供)

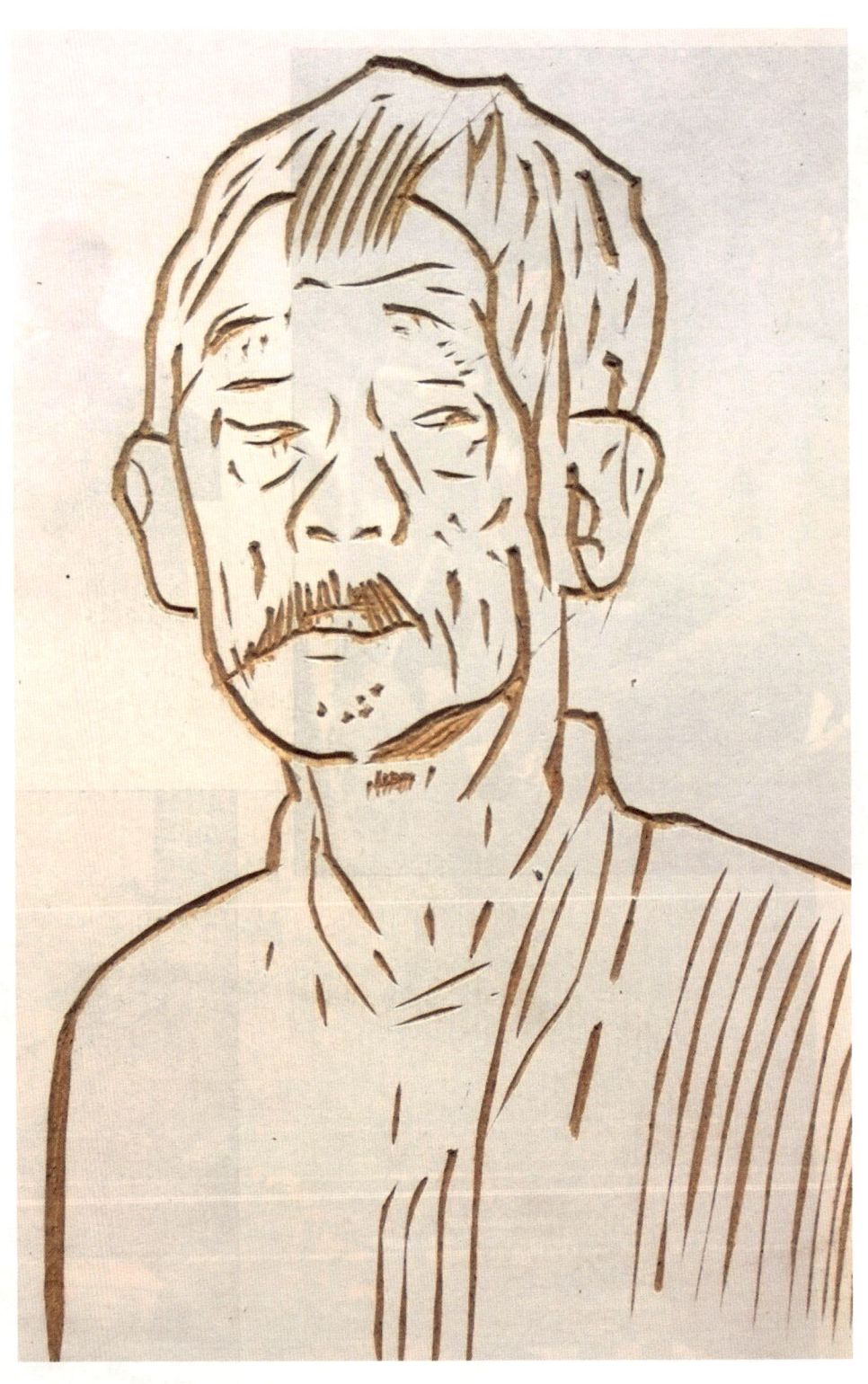

▲ 科学网博友陈小润为李小文院士所刻木版画

黄老邪的科学网江湖

杨 玲

李淼老师问我,要不要为李小文院士说几句。我说,想说的很多,但不想说给太多人听。有些话,是属于我和老邪之间的;有些话,是属于就那么几个人之间的。

说起来,当初那批人,已经很久很久没有在一起吃顿饭了。

王鸿飞去了美国,我还经常在微博里跟他"吵架";李淼去广州后再也没见过面;光恒老师有次给我写信我一忙就忽略了,事后想起来总不知道能说点什么;Ising、志东也没什么信息。微信群里几个人吵来吵去,像小情侣一样分分合合,群建了又散,散了又建;几个老男人就像小孩子一样赌气。大家的小范围聚会,我不是忙着工作,就是户外运动——观鸟,几乎都没参加过。想老邪想了很久,上次住院就想去看,后来又说出院了,一直没成行。周六晚上看到网易新闻,简直不敢相信。沉默了很久,哭了。俗话说"念念不忘,必有回响",可是想不到等来的竟是悲痛。

那个时候科学网还没有很多博主,言论尺度很大,民科很多。记得最初注意到李小文,是在可真老师的文章里,有个叫"Lix"的家伙用很春秋的笔法发评论,讥讽可真是岳不群,自诩黄老邪。我跟李亚辉看了,就在QQ里勾兑说这人肯定很厉害,不知道怎么就人肉出来,猜这个人是北师大遥感所的院士李小文。我们就开始撺掇Lix开博。也真不经撺掇,果然开博了,名字还是叫"Lix",头像是个吃奶婴儿,真是个老小孩。

有人质疑Lix不是实名,科学网说基于特殊原因允许用"Lix"这个名字,我们几个知情的人并没有说破,但时间长了,大家也就知道是谁了。

老邪文章都很短，但非常犀利，三言两语含义隽永，让人捧腹而又拍案叫绝。给别人的评论也是充满机锋但绝不冒昧，这个时候的老邪不像老邪，像九指神丐洪七公，随心所欲而其身自正。

忘了跟老邪吃过几次饭。第一次，应该是在北师大东门的御马墩。当时大家都对他充满敬畏，老邪说，网上无大小，不要叫李院士，就叫黄老邪。此后大家每次聚会都相谈甚欢。记得有次可真老师来北京，岳不群和黄老邪相视一笑，大家一杯泯恩仇。

黄老邪好酒不是秘密。饭桌上的黄老邪不像黄老邪，像令狐冲，无酒不欢。茅台能喝得高兴，二锅头也能喝 High。那时他的身体已经开始不好了，每次吃饭都能看到他的手在抖。我每次敬他酒都很纠结，喜欢跟他一起喝，又担心他身体。他夫人吴老师不让他多喝，可还是管不住。他说，不让我喝还不如让我死了好。

网上称黄老邪为扫地僧，他确实貌不惊人。瘦小的身子留着小胡子，不表明身份不会知道他是大科学家；但一开口就显露底蕴。夫人吴老师非常优雅，一笑眼睛弯弯有说不出的风情，年届耳顺还偶尔在黄老邪面前流露小女儿的娇憨，岁月没有侵蚀掉她的美丽，反而增添了她的娴静与温柔。两人在一起十分和谐，让人羡慕。

老邪总是叫我杨大侠，叫我老婆小龙女。如果哪次聚会她没出席，老邪就会问，小龙女怎么没来呢？我脾气跟杨过是有一拼，而老邪如此提携后进，可见一斑。有时候科学网博主吵起来，老邪还会劝几句，从中调停。作为西狂，我向来是很不以为然的，我并不赞同他对一些人的态度。老邪有时候劝我，我反而觉得他是滥好人，他也不生气。

汶川地震时，几乎所有相关当事人都不说话，怕引火上身，巴不得把自己摘干净。老邪发表了文章《遥感道歉》，为此被大量网友谩骂，我们都认为他不值得这样做。那些当事人跟没事人似的，他一个学者出来揽责反而被指责，当真岂有此理。老邪运起九阳神功，消解了所有攻来的招式，喝酒时云淡风轻，照样插科打诨，嘻嘻哈哈。

老邪资助过很多学者，有时候吴老师提起来，言语中不无小嗔怪。老邪却说，我子女不需要我花钱了，我的钱留着也没用。他自己生活很随便，穿着布鞋和老蓝布衣服，一眼看去跟停车场收费大爷似的，但在资助学者上面，他却从来不吝惜。

后来，那个海归博士回国因种种原因找不到工作流落街头，老邪想帮助他。约谈时，人群里混入了记者，一些没有操守的媒体添油加醋歪曲事实，又给他带来了很大的麻烦。科学网很多博主猜忌他、讽刺他，认为他沽名钓誉，开空头支票，不少人文章写得极其尖酸刻薄。我们非常愤怒，纷纷为他辩解，他自己则不为己甚，从不解释什么。

后来由于种种原因，我对科学网的环境非常失望，渐渐淡出。老邪以为我是生他的气，气他不反击。他不知道，我们帮他说话只是尊敬他，把他当朋友；我们不觉得院士这个头衔有什么了不起的，但他这个院士我们很服气。后来有次喝酒，他言语中还有歉意，还是希望我回科学网。我不知道该说什么。2009年自学量子力学熬夜搞得我偏头痛频发，医生不让我熬夜、喝酒，我就很少参加科学网博主的聚会了，很多把酒言欢的博友，都再没见过。

这几年虽然没有跟大家碰面，但时不时还是会想念大家。黄老邪那次表示歉意，成了跟他的最后一次喝酒。也许，再也没有人叫我杨大侠了。

几个月前，有几个媒体找我想采访他，听他的故事。我统统拒绝了，我觉得媒体可能不一定会理解科学家的世界。网上开始炒作"扫地僧"，我在微博里经常能看到关于他的文章和报道。但，又有多少人真正走进过学者的世界，关注过学者的内心和生存状态？房祖名吸毒的新闻永远比"扫地僧"传得快而远。而学者，也从来没有在意过声名。

　　这就是黄老邪的科学网江湖，没大没小，自由自在，他乐在其中。酒精给他欢乐，也害了他。这些江湖上的故事和传说，也终究会被人们忘掉，除了当事人，谁会想起一群老男人，偶尔有几个女汉子，在一起谈谈科研江湖，诉说心曲？北师大门前车来车往，老邪和吴老师走进御马墩，人群中的人们不会多看一眼。

　　黄昏的窗外，没有晚霞。北京的冬天，灰黄干冷。霾在半空中飘来飘去，好像永不会飘散。

　　一代宗师黄老邪归天了。

　　而我再也没机会敬你一杯！

李小文先生的科学与人文世界

陈 安

2015 年 1 月 10 日，中国科学院院士李小文先生离开了这个世界，这是一个让人闻之万分悲痛的消息。和其他院士去世稍有不同的是，几乎所有的门户网站和传统非科技类新闻媒体也都在第一时间对此进行了报道。从报道内容分析此事得以广泛报道的原因，多半是因为前段时间李先生给中国科学院大学的学生作报告时光脚穿了一双朴素的布鞋，媒体当时围绕着这个独特的装束完成了一阵喧哗的过程，偏重于人物和事件的传奇性和稀缺性，对于先生的学术和生活其实并不了解，从并无后续深入报道看，媒体也不想深入了解，这是件让人感到非常遗憾的事情，即便媒体对科学和科学家有意或无意的误解也是一种科学传播方式，但总还是准确一些更好。

李小文先生的研究方向是遥感。其实，他是范围更大一些的中国地理学界的代表性学术人物，行内的人用一句话论及他的贡献及影响，一般这么说："李小文是 Li-Strahler 几何光学学派的创始人，其研究成果为国际光学工程协会所评本领域里程碑系列成就之一。"看到这样的表述，也许我们会想到杨振宁先生的重要成就之一是"杨-Mills"方程。应该说，这样的命名法是学术界对于本领域优秀学者的最好纪念。同时，我们可以注意到，李小文先生的成果不仅是创建了一个模型，而且基于此形成了一个有影响的学派，如此，成果的内涵就不是一般地解决一类问题了，而是形成了一种新的思维范式，这是任何一个学者穷其一生都会觉得最有成就感的事情。

这个成就用李小文先生自己的话说，那就是："弄了个几何光学模型。原有的大气遥感理论模型在空气均匀的条件下能够通过可见光看到像元，而地球表面由于照度不均匀，有各种阴影和反射，这就不能再用原来的方程得到准确的结果。我的那个几何光学模型就是用来处理地球硬表面的遥感模型。"

李小文先生利用自己的影响力推动了遥感在理论上的进一步发展和技术在实践中的深入应用。他甚至为遥感不能够在灾害应急中获得更为高效的应用而忧心忡忡，在汶川地震后写出过一篇《遥感道歉》的文章，自己主动兜揽了遥感无法在汶川地震中第一时间对受灾情况进行采样并分析灾区真实状况的责任。其实，此事与他何干？！遥感飞机如想飞赴事发地必须申请层层报批。尤其是，当一些官员和学者们纷纷在灾害面前做"事后诸葛亮"或"争功者"的时候，一句强负不当负之责任的道歉之语何其罕见和珍贵。

对于笔者而言，也正是看到这篇文章才起了到科学网写应急管理科普博客的意向，并因此在未来岁月里和李小文先生有过多次深入的交集。事实上，我们组织的全国第五届（济南）、第九届（焦作）"应急管理"研讨会上，李先生均在百忙中拨冗前往，并在大会致辞或做点评人，以示支持。而我和他之前的交往只是限于网络上的偶尔唱和，我既没有主动去拜望过先生，也没有任何项目上的合作。我想，他只是想利用自己的影响力尽可能地支持青年学者而已。事实上，我在网上批评先生的观点也是常有的事情，有些甚至很尖刻，但是从先生的表现看，都不以为忤。

在自己的学术领域之外，先生鼓励学科间的交叉和融合，更为难能可贵的是，先生屡屡在科学网上掀起科学和人文交融的讨论热潮，从遥感关注的各类尺度效应问题、地表过程、植被结构参数化这类他所在领域的深刻科学问题到科技评价、中国的基尼系数与外汇储备这类现实的经济问题、康熙时代的科学史、现代史中三年困难时期的死亡人数问题、青年科学家的出路以及一些文学艺术类的问题（如陕北的民歌小调），他都有所关注，并撰写过或短短一句话的评述，或长段的文章。

李小文先生最为人称道的是他身上体现出来真正的"人人平等",我们都目睹过某些接受了西方教育的学者回到中国就一副"衣锦还乡"的架势,看到级别不如自己的人就鼻孔朝天,理都不屑理会的面孔,可谓把中国传统的"层级观念"发挥得比没出过国的中国人还厉害。而从美国名校加利福尼亚大学圣巴巴拉分校博士毕业的李小文先生则不然,他在科学网上的唱和对象,从陈小润这样的专业为"特殊教育"的大学生到"发发"这样的土发明家,调侃起来总是一副"老顽童"的模样。当时关岛大学的李宁副教授还曾经因为被李小文先生在博文中批评而诚惶诚恐,一度误以为这是来自院士的打击,属于不能承受之重,在他刚刚撰写的回忆文章中已经深为当年自己皮袍下面藏着的"不平等"而自嘲——李先生自己在争论中从来没有把自己当院士,而只是在以网友的身份辩论罢了。李先生也许担心李宁为此始终惴惴,在李宁回国的一次报告时还特意赶去聆听,我想他是担心李宁内心的阴影影响到未来更多的平等交流。

这样的例子比比皆是。也因此,李小文先生去世的消息传开之后,科学网上的悼念文章连篇累牍。我相信,中国的科学家都很难有过来自几乎全科学界的如此重大之"礼遇",每个为先生的语言、文章或行为惠及的人都在从不同角度回忆和怀念与先生的交往,我们也才知道很多和李小文先生未曾谋面的朋友也曾接受过先生的帮助,江西的肖博士甚至在一度困难时期曾开口借过李先生的一万元,先生二话没说直接从账户上打了过去,先生16日的遗体告别仪式肖博士从江西赶来参加,如果说先生当年的行为有现实回报的话,也就仅限于此了。

先生之助人也会遇到尴尬,一位从美国归国的孙博士因为在自由市场摆摊生存而被记者报道的消息传到李先生那里,他就约见了这位博士,但是不幸被利用,见面由"先聊聊看看自己能帮到什么"变成了"李小文院士准备给孙博士开出什么条件"的谈判,一时的阵势好像李先生自己欠了孙博士什么，并造成了此后的舆论风波，而李先生也淡淡一笑，没有因此对自己的行为后悔或气馁，希望能够继续有所作为。

李先生生前从来没有让人感觉到或者说出他就是我们心目中的科学大师，我们接触过他的人只知道他是一个自称"黄老邪"、穿着朴素、饭前喜欢啜饮几口小酒、学术功底深厚、乐于助人、平等待人的小老头，但是，当他去世后，我们才发现他难道不就是我们内心中期盼了很久的大师吗？

李小文先生的去世使得中国缺乏大师的科学环境更加凄风冷雨，李先生曾经对科研体制问题也发表过多次建议和意见，希望能够改善普通科研工作者的境遇，而不是仅仅把资源集中在少数被官方精挑细选出来的人才身上，他甚至想到也许那些国家重点实验室的开放项目的几万元小钱可以帮着年轻的学者们走出最初的无助期，在各种呼吁无果之后他也没有放弃，而是尽力提供好多力所能及的帮助，比如邀请泉州师范大学几乎陷于绝望的陈楷翰老师来北京访问，指导之外还四处联系为陈老师提供实验场地和条件，使得陈老师对于自己的科研未来保持信心。

一名科学家，除了可以做出基于智力的科研成果之外，完全可以也应该承担起更多的科学共同体内的责任，即便不能改变大的环境，但首先可以改变自己，其次可以勉励、帮助陷入困境的青年学者，李小文先生这些都做到了。因此，他除了是一个好的科学家，还是一个正直的人。

写到这里，李先生瘦小的身影在眼前越来越高大，作为受益于他的一位小友，暖意渐渐弥漫，而悲伤也愈发浓重了。

谨此哀悼李小文先生！希望我们将来也能够像他那样去做。

（本文作者工作单位为中国科学院政策与管理研究所）

我与李小文老师交往的一些往事

苗元华

李老师去世后，我一直想，应该写点文字，纪念一下。但心情一直很乱，一直不相信他已远去，无法落笔。周五送别会后，人民日报社《环球人物》杂志社的记者让我写点与李老师交往的往事，我还是不知道如何下笔，因为应该写的太多，而心里却不知道该如何写起。最终记者给我发来一个采访提纲，我以回答的方式，写了一些我与李老师交往的往事。现以此访谈为基础，整理为下文，让大家对李小文老师有更多的了解。

我和李小文老师是科学网博友关系，我们 2008 年在科学网认识。

最初的时候，我参与了李老师发起的关于"熵"的讨论。当时有段时间大家每天都讨论得热火朝天，参与的人我记得有杨玲（科学网博主：考槃在涧）、鲍得海（科学网博主：隔壁家的二傻子）、李亚辉（科学网前博主）等人。详细的讨论过程不记得了，依稀记得大家是从统计物理学的各态历经假设开始讨论的，然后讨论到了系统的演化及稳定性等问题，李亚辉还引入了信息熵等概念，最终讨论了城市的分布对国家和社会的影响。我记得当时我还在王铮老师（科学网博主：智叟王铮）的一篇博文下评论过：如果一个国家的总人口仅仅分布在几个超大城市里面，这个系统肯定是不稳定的，如果战争或者瘟疫来袭，可能面临的是毁灭性的大后果（大意如此）。关于熵的讨论断断续续持续了一年多的时间。

整体讲，当时是纯基础理论的讨论，大家都是天马行空地扯，我谁也不认识，但慢慢也就熟悉了。当时我还不知道李老师是院士，也不知道他从 2003 年非典开始就已经做过地理信息学与流行病传染学方面的研究。

　　李老师与朋友相处，处处体现平等、平凡的原则，另外就是处处为别人着想。比如我有段时间，因为赌气从科学网休博，李老师为了让我重新写博客，专门在科学网上写博文给我提问，想以这种方式让我重新写博，免得面子上抹不开。

　　李老师为人处世属于大气之人，不斤斤计较，不做无谓的争论，但他有自己的立场和原则。这方面网上讨论的已经够多了，我也就不再赘述。

　　我与李老师在科研上交流比较多，他是一个很有大局观的人，也能从芜杂的信息中找出最有价值的信息。

　　几年来，我们曾经深入交流的几个科研话题既包括一些基础理论方面的，如物理学中的"熵"相关的统计学原理，是否可以引入社会科学，如何引入；如何定义人与人之间的"关系"等看起来很容易，但实际上很难说清楚的基础性问题。

　　最近三年来，李老师和我讨论的比较多的是更接近老百姓生活方面的问题。比如，他从报纸和新闻上看到一些关于农村饮用水水质方面的报道后，曾经几次和我讨论，想了解一下目前饮用水水质到底如何，有没有一个详细的统计数据，比较好的解决办法是什么，技术和经济的难题是什么。

　　2014年多家媒体报道了南方土壤重金属污染之后，李老师与我联系，看是否能够找几个行业内的专家，开个小的座谈会，了解一下土壤重金属污染的监测和治理现状、目前存在的主要难题。我当时通过科学网博主赵明老师了解到一些中国农业大学做这方面的专家，也与北京农科院，还有在南京的华东地质调查局方面的专家取得了联系，把一些资料整理了一下发给了李老师。很遗憾，因为多方面的原因，座谈会一直没能组织起来，说起来我也是非常愧对李老师。

我与李老师交往中最重要的一件事，就是联合科学网博友一起编写了一本《强震应急与次生灾害防范》的高级科普图书。2009年秋季，因汶川地震导致的地质灾害逐渐增多，我在科学网上发起了关于编撰《强震后次生灾害的防治与应急管理》一书的倡议（参见：http://blog.sciencenet.cn/blog-214181-248338.html）。这件事得到了李老师的积极响应，并在短消息交流中告诉我，可以以我们两个的名义邀请科学网上的专家参与这本书的编写。在之后的一段时间内，通过频繁的交流，我们基本确定了该书的框架结构和需基本涵盖的内容。

我在2009年9~10月回国探亲期间，和李老师当面讨论了该书的框架和编写人选。当时很有意思的是，因为我感觉自己字写得不好，不愿意在草稿上记下来讨论内容，李老师说，还是将讨论的框架记下来比较好，最后是他将我们讨论的内容一字一字地记下来的。

我们于2009年10月16日在成都召开了第一次编写研讨会，将该书暂定名为《山区强震次生灾害的防控与管理：汶川大地震的启示》。关于这次见面，我曾经写过一篇会议纪要发在了科学网上。（参见：http://blog.sciencenet.cn/blog-214181-264088.html）。

为了参加这次会议，李老师坐了25个小时火车，于15号傍晚抵达成都，第二天开完会，晚上6点又踏上开往北京的火车，因为要参加18日在北京举行的一个会议。参加这次会议的所有人员，都特别感动。当时李老师虽然身体尚可，但看起来体质明显比较弱，为了我们的会，来回折腾了50多个小时。

2012年秋，李老师抱病为该书写序。该书2013年4月该书于中国科学技术出版社出版之际，芦山地震发生，在李老师的倡议下，所有编者都不取稿酬，直接将一万两千余元稿费捐给芦山地震灾区的一所小学。李老师曾在他的博文中对这本通过科学网博友齐心协力编写的书有过描述，网址为：http://blog.sciencenet.cn/blog-2984-684591.html。

　　李老师博览群书，除专业书外，他还喜欢武侠小说，读过金庸所有的作品，读过国内外多种社会学方面的著作。另外，李老师在中西方接受过教育，对中国社会有着比较深刻的认识，他一直坚持为社会发声。如果读读他科学网上的博文，就很容易找到这方面的内容，比如他的博文《围观：陈有西按童之伟"黑打"文》、《围观：童之伟再放重炮，重庆要反思"黑打"》、《围观：世事如棋局局新》。

　　李老师是一个心态平和的人。2014年穿布鞋给学生上课的照片通过媒体广泛报道后，他采取淡然处之的态度。他不会利用他的名声去谋取什么利益。

　　最后一次给李老师写信是2015年1月7日晚上，我给他写信，说打算和科学网博主吕秀齐老师在春节前看望一下他和吴老师，问他哪天比较方便。8日早上打开信箱看到回复，说我如果有事，就过去讨论，如果仅仅是要过年了礼节性拜访，就算了，我和吕老师工作都挺忙的。我想想也是，就回信说春节后再过去。10日下午我收到科学网博主赵明老师的微信，告知我李老师去世，当时非常后悔，去拜访李老师却变成后会无期的事情了。

　　李老师离去，大家都很悲痛。在1月16日的李小文老师遗体告别会现场，很多尊重李老师为人处世的人从四面八方赶来，几千人到场，包括多名科学网博友，有一些是从福建、浙江、江西和天津赶来的。足见李小文老师得到了大家的普遍爱戴。

　　谨以此文祝李老师一路走好！

［本文作者工作单位为中新宜居（北京）环境科学研究院有限公司］

博客上和生活中的李小文老师

迟 菲

得知李小文老师去世的消息之后,我很悲痛。在李小文老师生前,我有幸与他在科学网博客以及生活、科研等方面有过很多次接触,对李老师的人品深深地佩服。李小文老师生活很朴素,和人相处一点架子也没有,并且总是为别人着想,热心帮助别人,而且在治学方面又非常严谨,拥有真正的大师风范。

2009年我刚开始在科学网上写博客的时候,就听科学网名博主杨玲提起李小文老师刚上科学网博客时的轶事:当时李小文老师以游客的身份经常在科学网博客上给一些文章进行评论,由于评论很有水平,个别博主就看出此人不一般,于是就建议该游客也在科学网上开博客。李小文老师刚开始注册博客时,资料写得比较简单,他不希望大家知道他的院士身份,希望能以普通人的身份在科学网上与大家交流,因而没有通过需要实名的科学网的审核。后来填写了详细资料后才开通了博客。因为院士的身份,李小文老师受到了很多人的关注,不熟悉他的人开始往往会以一种特别尊敬而疏远的态度对待他,而慢慢通过科学网博客的文字了解了李老师性情之后,大家发现他是很率性的"老顽童",文字中透露着黄老邪式的不拘一格的"邪"气。于是,大家也慢慢地和李老师开起了玩笑。

和李小文老师在博客上第一次打交道是因我写了一篇《科研人员茶余饭后谈历史》的文章,之后李小文老师在他博文里写道:"迟菲网友在《科研人员茶余饭后谈历史》中说,'慈禧对于中国历史有功有过。功劳在于她主张对外宣战',跟我主张为北师大首任校长许景澄被慈禧斩首的忌日举办追思活动对着干。不过谅解小姑娘不懂历史,干脆捧捧场,把慈禧的'宣战诏'晒一晒。"我一看,原来是对历史不太懂的我的胡言乱语引起了李小文老师的兴趣。我觉得这次可糟大了，于是在他博文里回复说："关于慈禧的那段历史，我的确是因为没有看过正史，看的都是一些野史或者别人的评论之类的，所以会看得比较片面了。"没想到李小文老师却说："没关系。其实这段根本就没有正史。只有史料，靠自己判断真、伪、偏见。"当看到李小文老师这样回复时，我感受到他的人格魅力。

科学网的博友们首先是从网络上认识的，但慢慢熟悉了的博主之间就会有一些线下的聚会。李小文老师也会去参加博友们的聚会。第一次在现实中和李小文老师打交道是在科学网博主们自发组织的活动上。我是这次活动的组织者，他是第一个到达聚会地点的博主。见到自己一直在网上崇拜的偶像，我有些不知如何是好，结果发现李小文老师现实中也表现得很率性，和年轻人一样喜欢开玩笑，这让我顿时觉得网络上和真实生活中的李小文老师都是很好相处的。李老师自称"黄老邪"，但我们总觉得他更像"令狐冲"。

李小文老师是一个古道侠肠的人，总是很关心别人，包括一些陌生人。他特别关心年轻科研工作者的生活，经常在网上呼吁提高年轻科研工作者的待遇，他也经常支持别人与的提高年轻科研工作者待遇的博文。我之前写过一篇与提高年轻工作者待遇相关的博文，就得到李小文老师的支持。李小文老师对别人的关心不仅仅体现在网络上去呼吁和表达一些观点，还做了很多帮助科学网博友或者陌生人的事情，并且他从来都没有以一种高姿态去帮助别人，而是把对方放在和自己平等的位置上去关心和帮助。记得有位博友有困难想借一万元钱，李小文老师就立刻把钱给对方打了过去；有位博友在美国遇到点困难，李小文老师就让他当时在美国的夫人跟那位博友联系，给这位博友帮助；还有位在小城市搞科研的博友在科研上遇到一些困难，李小文老师就邀请他到北京访学，帮他寻找实验场地，给他提供各种机会，甚至还把自己的办公室借给那位博友使用。李小文老师对科学网博友们的帮助是实实在在的。在生活中，李小文老师把我们这些年轻人当儿女一样看待。有一次我去李小文老师家里取一本书，他看我过来一趟不容易，就让他夫人请我在外面吃了饭，而他自己因为身体不好，只在家里喝点粥。这件事情让我很感动。

李小文老师对人的帮助不仅仅限于科学网博友，还曾向其他陌生人伸出援手。2009年，网络上登出海归学者博士摆地摊睡大街的新闻，当科学网的博主们都在用文字表达感慨和同情的时候，李小文老师却真诚地向对方伸出了援手。李老师的观点是"关键是要立即动手救命"，于是他想办法找到了那位博士，并邀请他到自己办公室谈谈，看能怎么样帮到他。然而这次谈话却被媒体给利用并曲解了，还让李小文老师"背上黑锅"。面对这种情况，李小文老师并没有过多解释，只是淡淡地说："我没想到会成这样。"但是他仍然没有放弃帮助那个人。他还私下给我发信，希望我能够在科学网博客上组织募捐活动，让更多的人来帮助那位博士，并且他自己还打算给那人捐一笔钱。后来因为事情有所变化，我们得知那位博士不再需要外界捐款之后，捐款活动就没再继续进行。这件事情让我看到了李小文老师菩萨般的心肠，尽管我也经常热心帮助一些有困难的人，但是如果帮助别人需要花费自己太多精力、太费事，往往就没动力去做了。因而，我很佩服李小文老师的这种将慈悲心付诸行动的做法，他特别值得我们学习。

李小文老师发在科学网上的很多博文比较简练，因为简练，有时候观点也会被别人误解，而李小文老师又很少替自己辩解，有时候明明是好心，却遭到别人的误会。例如，在与科学网上一位博主讨论针对医学上一些疑难杂症进行的人体临床试验的时候，李小文老师的观点是"为了更好地救治病人和推动医学的发展，可以做这方面的临床试验，但是被试验者必须要有知情权，要在被试验者同意的情况下才能做。"李老师的观点既符合科学发展又符合人道。

然而，却被支持医学人体临床试验的一位博主误认为李小文老师反对医学的临床人体试验，从而一度被误会。但最后经过热心网友帮忙解释，误会李小文老师的人最终明白了李小文老师的用意。

李老师做的遥感方面的研究，可以在国家应急管理方面发挥很大的作用。因此，我们邀请李小文老师参加过两次我们组织的"全国应急管理理论与实践研讨会"，进行学术交流。我在会议组织中负责接待李小文老师夫妇，于是有幸和他有更多的接触。作为会议组织者，我们希望能够对李小文老师照顾得周到一些，然而我参与组织会议和负责接待的经验不足，很多地方做的有疏漏之处。而李小文老师不仅没计较，还总是说我们照顾得很周到，总是向我们表达感谢之意。在我的眼里，他一点也没有把自己放在一个比我们更高的位置上，而是用一种大家都是平等的心态对待任何人。

李小文老师生活上很随意，但治学非常严谨。他在学术上一般不轻易发表观点，但发表观点往往一针见血，精准到位。记得在一次数字地球技术在应急管理中运用的小规模讨论会上，其他人七嘴八舌地表达自己的观点，而李小文老师却在一旁静静地听着每个人的观点，最后他才讲话，而他一讲就指出问题的重点。在这件事情上，我一方面很佩服李老师在学术上具有犀利的见解，另一方面，还很佩服李老师善于倾听的心态。

汶川地震后，在科学网一位博主的建议下，科学网很多做与地震应急管理相关研究的博友们共同参与编写《强震应急与次生灾害防范》这本书。李小文老师也参与到这里面来。为了写好这本书，专门开了几次面对面的研讨会，每次研讨，李小文老师都参加。其中有一次研讨会在四川召开，李小文老师因为烟瘾大不能坐飞机，就乘坐了北京开往成都的慢车参会，然后还得马上乘坐慢车回北京。这一路时间很长、很辛苦，但他为了认真做好这件事情，还是去参加了，这让当时一起参与写书的其他博友们都很感动。

平时科学网博友们的聚会不时邀请李小文老师参加，李小文老师觉得过意不去，经常就想回请。有一次他让我帮他组织一些熟悉的博友们一起聚聚。聚会时我们才发现，李小文老师那段时间身体很不好，实在不宜出门，但是他还是坚持来了。聚会后我和另外一位博友送李小文老师出门时，看着穿着布鞋的李小文老师的瘦小身影逐渐远去，我们都感到很心酸，也特别感动，真心希望他身体能尽快好起来。

李小文老师对待生死的态度很淡然。之前有一次李小文老师病危，医生把他从死亡线上拉了回来。我们很多科学网博友一起去看望他的时候，劝他要好好保重身体。而李小文老师却跟我们说："我死了就死了，下次不用把我抢救回来了。"这种对待生死的超脱境界，是一般人都无法做到的。

李小文老师身上有太多让我敬佩和值得学习的地方。他不仅是科研领域的大师级人物，对待生活的态度和为人处世的方式也是大师级的人物。得知他去世的消息之后，我哭了，相信很多科学网博友们也都哭了。虽然李小文老师已离去，但是他的精神却永远留在我们的心中。

（本文作者工作单位为中国科学院政策与管理研究所）

老邪与"千人计划"研讨会

刘 立

自从"海外高层次人才引进计划"（简称"千人计划"）2008年设立以来，老邪先生就持续地、高度地关注该计划。这不仅反映在他在博客中发表了大量有关"千人计划"的博文，而且反映在他参加了"杰出科教人才引进评估高层战略研讨会"。2009年6月2日，北京，融金酒店。中国科学院、《人民日报》等机构和媒体均对这次会议作了报道。

本人就是在这次会议上第一次见到老邪博友的。当时，见会场上有一个又瘦又小、"老农民"模样的听众，心里正疑惑着他是谁。后来得知他就是在科学网上开博客的院士——北京师范大学的李小文教授。我与他在博客上有过多次的互动。看来，真是人不可貌相！

再说一个花絮：那天中午在融金酒店（后来改为辽宁大厦了）吃自助餐，我坐在老邪先生邻桌。忽然，一股酒香扑鼻而来。午餐是不提供白酒的，这酒香是从哪里飘来的呢？嗅着鼻子，循着气味，正看见老邪先生从容不迫地拿着矿泉水瓶子往杯子里倒白酒呢。酒这个不危险物品就这样混进了餐厅，这个计策妙！ 最近从老邪先生学生写的纪念文字那里得知，那叫"矿泉酒"。我凑到老邪身边，问他"讨"了一点酒，一品尝，原来是二锅头。传说中老邪爱喝二锅头，果然如此！我与他边喝边聊，甚是愉快。

后来我又跟老邪多次参加博友聚会，也就可以讲出和写出不少关于老邪的故事和"花絮"了。那就写写老邪2009年参加"杰出科教人才引进评估高层战略研讨会"（简称"千人计划"研讨会）的前前后后吧。

为了参加这次"千人计划"研讨会，老邪事先做了很多"功课"，包括他在博客上向网友征求一些意见，比如 2009 年 5 月 29 日他发表博文《人才引进与评估：若干问题的思索》；经过与博友频繁互动之后，5 月 31 日他又发表《问题思索（修改版）》。在这些博文中，老邪提到："岗位设置：目前的操作'单位设岗'和'申请人申请'捆绑进行，这样申请人没有竞争对手，因此对其他潜在申请者不公平。能不能单位先申请'设岗'，国家考核'国家需求'和配套支持两项，获准后再全球公开招聘，从申请者中择优？"

老邪先生听了张杰（中国科学院院士，上海交通大学校长）、施一公（清华大学教授）、张春霆（中国科学院院士，天津大学教授）、孙高鹏（爱思唯尔科技部中国区总监）、饶毅（北京大学教授，生命科学学院院长）等人的发言。在下午的会议上，老邪作为嘉宾参加了"探索未来人才之路"圆桌论坛并作了简要发言。会议组织方后来发布了这些嘉宾发言的文字实录。

参加这次研讨会后，老邪先生关注有关报道和文字实录，仍感意犹未尽，2009 年 6 月 6 日发表博文《黄老邪也说明两句——关于杰出人才研讨会》，谈了对这次会议的感想。他说："总的说来我认为会议是成功的，非常感谢会议的主办、协办各方和参会的诸君。希望这次会议能对'千人计划'的成功实施起到正面的参考和推动作用。"他还提出一个希望："希望'会议报道'牵涉到黄老邪的地方，能够在主办方定稿前给我一个认可的机会。"我不知道，会议方后来是否这么做了，但我目前能看到的就只有老邪在"杰出科教人才引进评估高层战略研讨会文字实录"中的发言文字。

这个发言文字实录总体不错，但仍有进一步进行整理的必要。笔者在这个实录基础上，做了点文字整理，也算是表达对老邪先生的一种纪念。

（本文作者工作单位为清华大学社会科学学院）

怀念 Lix

鲍得海

惊闻李小文院士驾鹤西归，悲乎！痛哉！

小文老师其实很早就在科学网潜伏，名号"Lix"，每每对许多博文给出精辟深刻的评论，后来估计是按捺不住，终于自己也开博了，自称"黄老邪"。

一开始，二傻（编著注：作者在科学网博客昵称"隔壁家的二傻子"）并不知道 Lix 和黄老邪就是李小文院士，后来在科学网活跃分子杨玲（烤盘子）的张罗下，2008 年 7 月 20 日在北师大的御马墩餐厅第一次见到 Lix 夫妇，还有当时的科学网第一博主王鸿飞夫妇等。

记得当时 Lix 叫俺"物理学家"，俺说：不敢，不敢！还是叫俺二傻好！

记得当时 Lix 手上拿着一包新款中华烟，不知道如何开启，二傻赶紧帮忙，Lix 大赞：还是搞物理的厉害哦！

Lix 很喜欢和科学网上的年轻人在一起，常常邀请大家聚聚并由他埋单。

记得有一阵子，他还专门委托科学网积极分子迟菲作为其特别代表，负责召集科学网博主们聚会。如果他有空，一定会来参加。Lix 一般在喝过几两之后就会先走，然后让大家继续尽兴，事后找他埋单即可……

Lix 的平易近人、大爱无疆、正直人品以及他敏锐的观察力和令狐冲般的性格，都令许多人印象深刻。但二傻最为感谢 Lix 的是一些学术上的讨论，令二傻茅塞顿开！比如关于"熵"的一系列深入讨论、关于科学哲学对遥感领域的指导意义等，其中许多有价值的头脑风暴和物理、哲学思辨。

　　记得Lix有一次去广西桂林出差，还特意去看了科学网上的小字辈"发明狂（发发）"，鼓励其对科学技术和创造发明的热情……那次Lix因劳累过度生病了，科学网博友陈国文（丫头）专程从山东跑来，大家一起到北师大Lix家看望问候。当时Lix身体很虚弱，但已无大碍，还说"傻帮讲座"应该继续……后来，Lix又慢慢在科学网一如既往地活跃起来，甚至还调侃起二傻关于"岳母刺字"之偷换概念的笑话呢！大家都十分欣慰，相信好人一生平安！

　　无奈，世事无常，天妒英才！

　　Lix走得太突然，谨以如下诗句，怀念Lix的在天之灵：

海纳百川，有容乃大
壁立千仞，无欲则刚

［本文作者工作单位为蒂森克虏伯机场系统（中国）有限公司］

生命的价值无关乎长短

曹广福

最近上科学网比较少，从微信朋友圈得知黄老邪走了，终年67岁。

67岁对于今天的人来说的确算是比较年轻，有关部门不是正在讨论推迟退休年龄的问题么？可见随着时代的进步，人的寿命也在不断增长。尤其对一个院士而言，67岁正是风华正茂的年纪，老邪走得实在有点匆忙。

我有幸与老邪见过一面，那是第一次在北京与网友见面，很荣幸地见到了老邪及夫人。那次见识了老邪的豪爽与酒量，从他身上一点都看不出院士的"痕迹"，他是个平易得不能再平易的人。那天我和"孤魂"（科学网博主）都喝高了，有点弄不清楚是怎么回到宾馆的。

与老邪虽然同在科学网，但直接的交流并不多，只偶尔有几次老邪对我的文章提出了质疑，例如关于柏拉图学院门口的招牌到底是怎么写的？是"不学欧氏几何莫入我门"，还是"不学几何莫入我门"？透过老邪向来不长的文章可以看出老邪不仅功底深厚、见识广博，而且看问题一针见血，从不拖泥带水。更重要的是，老邪在科学网上从来不以院士自居，绝不以一种居高临下的姿态与人对话，与他交流和与其他普通博友交流没什么两样。我想这也正是在院士遭人诟病的今天，老邪却深得网友们尊重与青睐的重要原因，连"孤魂"那样对院士极端不屑的愤青也对老邪敬重有加，可见老邪的为人。

来科学网短短几年时间，3个令人尊敬的人在不该离开的时候离开了，青水洋、郑融、黄老邪，他们都是为人谦和、令人尊敬的博友，且年龄都不算大。前几天与"丫头"交流，我还问："难道真的是好人不长久，祸害一千年？""丫头"也这样认为，她慢慢淡出科学网也是不想看到好朋友一个个离去。其实人都是要离去的，差别仅在于迟早。生命的价值不在于谁活得更长久，也不在于是否做了什么轰轰烈烈的事，而在于身前是不是做了很多好事，身后是不是有很多人怀念他。我想黄老邪无疑是个活得有价值的人，大家一定会非常怀念他！

愿老邪一路走好！

（本文作者工作单位为广州大学）

行侠仗义 道行深远
—— 送小文先生远行

陈国文

都说离别愁绪多，更莫说是亲友间的生死相送。2014年此时刚刚送走郑融兄长，已让友人们悲伤不已。时隔一年，又是一个元旦刚过的日子，小文先生驾鹤仙逝。

2015年1月10日下午，北师大校友沈燕妮女士来电询问先生去世的噩耗是否真切。顾不及相问太多，我速速网络求证，确认乃事实，回复了燕妮女士短信后，不禁泪如雨下，间或稍停，却无法按捺悲痛的心情。幸得友人微信言语一番，心情才得以平复。

小文老师是多维度思维与活动的。博友田青的文章《传播知识分子社会责任意识，李小文院士，可以用"伟大"来形容》一文，很好地概括了这一点。这两天科学网涌现的大量的追忆博文是其有力佐证。

我与小文老师见面一共有三次，两次在北京，一次在济南。然我们直接的对话并不多。将见面与网络活动叠加于一起，印象深刻的地方有这样几点：

其一，先生衣着实在简朴。当网络以"扫地僧"频繁报道小文先生时，我心有不平，知道当时的先生会感到浑身不得劲儿，不过我也没站出来说啥。现在后悔，至少那时该有一个小小的问候。现在我只想说一句话：一个有着至高境界的人是决难以对自己外在的衣着给予关注的。精力不置于此。有所长必有所短。先生取的是人生境界之长，舍弃的是世俗里的长短。

其二，先生较同龄人显得苍老许多。托陈安的福，在济南与小文先生第一次相见。见面时心中着实一惊。依旧清晰记得当时的情景：小文先生进得门来，我在客厅起身相迎。先生点头示意，未有许多寒暄，步履蹒跚着进了屋里。从那时起便知其健康状况令人极为担忧。

其三，先生与夫人情深意笃。几次相聚，看得出，夫人对小文先生的情感里有一种超乎于夫妻情感之上的母爱般的疼爱之情。比如这酒，是小文先生的至爱，于夫人眼中，喝它也不是，不喝它也不是。假如换作寻常夫妻的寻常情感，面对夫君的爱酒，为妻的定会气势汹汹，如对待阶级敌人一般与夫君来个你死我活。然而席间夫人仅作婉言相劝，定酌全由着先生自己。这要有多深的爱与了解作铺垫才得以成就。

人来世间走一遭，注定要经历痛苦。有的人饱受它的折磨而不得其解，空耗这一趟难得的旅程；有的人则可以籍着痛苦走向人生的至高终点——得大自在。李老师的夫人聪慧绝伦，心地善良，豁达开朗，定当能够于极度悲伤的境地走向更加的洒脱。这本是一个娑婆世界，莫因情感的羁绊而执着于生离死别之痛中，当放手时且放手，继续坦坦荡荡、爽爽朗朗、笑意满怀地走好后面的路。这是丫头心中此时最大的期盼。

想来小文先生已是圆满之人。一是从世俗角度来看，他成就了一番骄人事业，并得娇妻相伴一生，恩爱有加。孩子们学业高第，事业有成。但更重要的，或者前者根本也算不得什么的，我以为是下一点。即从个人修为来看，他有着匡扶正义、仗义执言的天性，一生屡因此遭到灾祸却执拗不改并乐此不疲。如果再将先生那乐善好施的慈悲心肠却无意于世间荣辱的那份洒脱、逍遥、自在的老邪秉性加以考量，活脱脱一个世间佛祖！

试问：还要怎样的一生？

我赞赏"上帝"老哥的观点：生命的价值无关乎长短。于沧桑正道中快意人生，若问潇洒，几人堪比？

情操高洁之士

专业精博之师

行魏晋逍遥之风

行侠仗义，却又道行深远

干杯，老邢，大家送您一程！

(本文作者工作单位为山东大学材料学院)

与"邪"共网

黄秀清

那天周末,超市中等待付款的队伍排成了一条条长龙,习惯性地掏出手机登录科学网,一条猝不及防的信息:李小文老师仙去!眼前瞬间一片模糊,心里骂着:老邪,您急啥!您最爱听的"爱的故事",我还要讲一万一千零一夜呢!

在科学网,老邪以"邪"著称,在公众和媒体眼里,老邪却因"鞋"而闻名。我尝试着去寻找,这两个同音不同义"xié"的内在关联,终于发现写在老邪"周公四维"的答案,它是"任性"。

当纪念文章从四面八方涌出,有人不禁要问:如果老邪不是院士,还会是这样吗?

在许多东西都被异化的当代,代表智力和良知的"院士"也难免在一定程度上沦落为某种权力的代名词。见识过一些高坐神坛、指点江山的院士,突然来了一位不把院士当院士的院士,很自然,人们会用好奇的眼光打量这个"怪物"。当发现"怪物"竟然把"院士高帽"像布鞋一样随意地套在一双光脚上,老顽童般地开博客店练摊儿,与三教九流煮酒谈科学、论天下,人们对他的亲切感油然而生。

老邪不懂"院士"的权力价值吗?非也!当一些人想方设法利用院士这个金字招牌谋私利时,老邪却与众不同地借助网络博客这个平台为人民服务。大到汶川地震,小到露宿街头的海归博士后孙爱武、"烈女"邓玉娇等,老邪都在第一时间伸出那双大爱之手,在精神、物质和道义上给予弱者和不幸者以最大支持。当获知张守印博士因"病毒门"事件而自杀,老邪在分析了前因后果后,发出了"科学界应该对张守印之死有个说法"的正义呐喊。而明面暗里、网内网外的"邪爱"受惠者，更是数不胜数。

这些天，翻了翻老邪和自己的博客，真没想到，我与老邪还有这么多网络世界的交集，试着把时空超越。

登陆科学网不久，有过一段艰难的日子，只因我在博客中公开质疑爱因斯坦的相对论，而这在科学网竟然被认定为不可饶恕的"死罪"。除了被人以"民科"棒打追杀，科学网最初采取删博文以示警告，当我任性地再次伸手触摸那条高压红线时，收到的却是"关博"的最后通牒。绝望中，我给老邪发出了"SOS"求救信号，虽然他并没有给我直接回复，但我能感觉到科学网不再那么"红色恐怖"，我知道，我终于也有了一双隐形的翅膀。我想人们怀念老邪，在很大层面上，是因为他为草根阶层拥有平等话语权所做的不懈努力。

2014年年初，在老邪不断"煽风点火"下，"挺爱"和"反爱"双方进行了一场相对论擂台赛，根据正反双方的辩论观点，老邪还做出了爱因斯坦时空是"周公四维"的论断。大约两个月前，老邪仍在牵挂"爱的故事"，希望我们能把"反爱大业"进行下去。

在我的很多娱乐性质的博文中，老邪经常被扮演成"男1号"，不管是正面还是反面角色，老邪表现出一贯的宽容大量。大家都知道，老邪一直对贝叶斯定理非常感兴趣，写过一系列幽默风趣的博文。受老邪博文的启迪，我写了篇《老邪、外国女郎与蕾丝内裤》，无巧不成书！博文上网当天，正值网络热传"布鞋院士"，急忙给老邪留言："李老师，若不适合，望告知。"老邪很快回复："小邪，你的玩笑我不在乎。但我正被烤在火上，随便说什么都会被人无限解读，我只能暂时闭嘴。祈谅！"

从回复不难看出，老邪并不希望被媒体炒作，甚至害怕被娱记消费。

有人认为，一个堂堂院士开博客聊天，纯粹是无聊找乐！有这种想法的朋友，建议您读一读老邪2009年的一篇佳作《百家争鸣的机会，历史上不多》。文章的最后一段是这样："再就是科学网给我们的这一个平台了，可以比较自由地争论。通过自由的争论，大家能讲清楚道理，增长知识，繁荣学术。如果科学网能办长久一点，我相信能出成果，能出人才的。上网两年多来碰撞过的青年才俊，自己说过的真心话，超过这一辈子上网以前的总和。所以我个人非常珍惜这样一个机会。我个人在争论中力求做到：只讲道理，不争输赢；对比自己年轻、资历浅的争论对方，尽量不挤压别人自尊的空间。也许没做到，欢迎网友拍砖，老邪坚决改正，为科学网越办越好尽自己的义务。"

老邪绝不是来科学网休闲娱乐的，他是有"野心"的！与我的感觉一致，老邪是想借这个平台建立一个百家争鸣的桃花岛、一个自由思想的科学王国，希望这里能汇聚"中国最强大脑"，产生真正属于中国的原始创新思想，来回答"钱学森之问"。现在不难理解，为什么老邪要反复强调："科学网肩负着记录历史的重任！"为实现"科学王国"的宏伟蓝图，老邪费尽心机地去激活科学网的每个脑细胞，通过装傻"请教"、"请问"鼓励不同教育、不同专业背景的博友进行直接碰撞，促进多学科交叉，诱发创新灵感的火花。

再次拜读老邪的绝笔《【地图之问】答田青博主》，意外发现老邪对田青博主的一条回复：

恐有"抛砖引玉"之意，实无"引蛇出洞"之心。田女侠垂鉴。

这个回复的时间是 2015-01-08 09:42，距离老邪远行仅两天之隔。老邪在科学网的最后回复也无意中暴露了老邪来科学网的真实目的：抛砖引玉！但我相信，老邪 7 年多来抛出的 1878 块"砖头"，已凝聚成一座由老邪科学思想和人文精神构成的金矿。

如今，岛主已驾光星游，岛上的一切只能通过星际遥感，还能等到那桃花盛开的时候？对此，我不无担忧。抬头看，中国科学的天空仍覆盖着一层厚厚的雾霾，老邪的断然离去，是否也因无法再忍受雾霾的折磨？

　　科学网不过是我们人生的一个小小驿站，在这个物质富足、精神却严重匮乏的时代，我们庆幸能与"邪"共网，并或多或少沾上一点"邪气"，如果一定让我对这"邪气"进行诠释，那就是——任性的知识分子风骨。

（本文作者工作单位为国防科技大学）

本图是根据陈小润女士为李小文院士所刻木版画进行的设计创作。

怀念平民院士小文校友

黄安年

67岁的李小文院士突然病逝，令人极其惋惜。我和小文院士虽然同在北师大工作，却从未见过面，不是一个专业，他研究遥感，我研究历史，我认识地理系许许多多的老人，但并不认识小文，因为他是后来到北师大的。

我第一次知道李小文时，他既是北师大的院士又是科学网上的博友，院士开博而且是北师大的，谈的许多事是人文社会科学的内容，而且有的与北师大有关，这些格外引起我的注意。其中给我印象很深的是他在一篇博文中谈北师大首任校长的独特见解。我在一篇博文中写道：

看到李小文先生的博文《北师大首任校长许景澄先生忌日将届》（http://blog.sciencenet.cn/blog-2984-242246.html），文章说：许景澄"1898年9月，任总理各国事务衙门大臣兼礼部左侍郎，改吏部，兼北京师大学堂总教习，管学大臣"，并据此肯定许景澄是北师大首任校长。

作为在北京师范大学学习、任教、生活了55年的老人，笔者感到需要区别京师大学堂和京师大学堂师范馆两个既有联系又有区别的概念。北京师范大学前身是京师大学堂师范馆，北京师范大学创办于1902年，并非如北京大学（京师大学堂前身）的1898年，首任校长是张百熙，并非许景澄。

后来我在博客中又拿出了相关的佐证（详见http://blog.sciencenet.cn/blog-415-242529.html）。隔了4天，李小文先生撰文《北师大首任校长：许景澄还是张百熙》发表自己的见解（全文参见http://blog.sciencenet.cn/blog-2984-243184.html）。

小文先生的见解涉及北京师范大学前身诞生的年代是 1898 年还是 1902 年，尽管学校迄今依然以 1902 年作为北京师范大学诞生的起始年，但是小文坚持个人认定的科学发展的见解，勇于提出不同见解，着实令人印象深刻。

院士开博在科学网罕见，院士以普通人的身份和形象与博主、网友们交流更为稀罕。李小文最吸引人们注意的恰恰是院士穿布鞋、像个老农民的形象，一种随和朴实具有亲和力的形象，一种和权贵、权威没有联系的形象，一种和所有博主平等相待的形象。居然现在还有这样的院士！由此却成了人们议论的热点，而他的学术成就反而不是热点了。

李小文现象给我最大的感受是，让院士回归院士、回归到普通人。小文院士光脚穿布鞋以及开博本身，一下子就拉近了院士和普通学人的距离。人们记住了北师大有个李小文院士，但不一定能说出北师大其他近 20 位现任院士的名字。科学网有成千上万个博主，但院士在科学网开博并与大家平等交流，恐怕不多。

李小文去世后，打开科学网几乎整版都是自发怀念小文院士的博文。他本人生前留下遗言低调办后事是一回事，可人们自发用各种方式怀念小文又是另外一回事。可见小文院士的影响力已经远远超过了他本人所在学校和学院了。

人们悼念李小文，国家领导人为他敬献花圈，不是为了突出他的院士身份，而是李小文告诉了我们一个不一样的院士，一个普普通通、实实在在的平民院士。

话说回来，平民院士李小文早已存在，只是 2014 年一次偶然机遇被媒体以"布鞋院士"报道而走红，从破除"头衔崇拜"的角度来看，小文先生的"布鞋院士"雅号，是不是比现在整天宣扬的"都市名牌"要清纯得多？我们要"名牌"还是"布鞋"？恐怕还是"布鞋"要实在得多。"名牌"往往是包装的，真正要看的是货真价实的内容本身。纪念李小文也要透过外表来学习他的为人和为学，学习他是怎样践行"学为人师、行为世范"的。

（本文作者工作单位为北京师范大学）

李小文是个有大爱的人

嵇少丞

昨天站着讲了 5 个小时的课,很累。今早尚在梦中,只听妻子一声惊呼:"李小文因病去世了!"

"什么?"我震惊了。"前几天他还发了新的博文,怎么可能?同名同姓的人吧?""布鞋院士李小文病逝!"噩耗!

原来,生命如此脆弱。前几天他还在科学网上与网友思维敏捷地谈天论地,探究科学问题,今天却走了,而且一去不返。从他身旁人透露的消息得知,小文似乎早就做好了准备,义无反顾地走,连手都不挥一挥,就披着彩霞而去。他生前立下遗嘱不让医生抢救,美其名曰"不要浪费国家资源",却对敬他爱他的网友们这么"绝情",连声"告别"都不说,也"太吝啬"了。什么叫没了,这就叫没了,再也不能相见了,从此阴阳两界,再也看不到他更新博客了。

1997 年 10 月,国家自然科学基金委员会主办了海外留学人员"两个基地"模式为国服务交流与研讨会,多年来一直在实践着"两个基地"模式的李小文等 7 人在会上介绍了他们以"两个基地"的模式服务祖国的事迹,当年《神州学人》第 12 期对这次会议进行了专门的报道。作为博士学位比小文晚拿 2 年(他是 1985 年,我是 1987 年)、同样有在地学领域北美大学做教授经历的我,自此之后一直关注小文的研究发展以及后来他在科学网上的博客。我特别喜欢读他的论史短文,含蓄、诙谐、耐品,文外之意无穷,耐人细品咀嚼。人贵正直,文贵幽曲。作为体制中人,看到问题,拐弯抹角出来说点真心话,虽然是"说了也白说",但仍取"白说也要说"之态度说之,毕竟尽到了社会责任。小文身上有着中国知识分子的传统气质——忧国忧民,用鲁迅的话说就是,"路见不平,心怀不满,说出来，却心怀恐惧；忍着，又噬碎了自己的心。"长期处于这种两难的内心痛苦中，这就构成了小文独特的孤独与苍凉，借酒消愁，愁更愁，这就是"最是学者不自由"之境地。

2009年5月11日，我曾在科学网的博客里发文呼吁帮助一位羌族女士寻找一份工作，她家住四川北川县城，"5·12地震"使她痛失心爱的丈夫、9岁的女儿、哥哥及其侄女；她丈夫的二姐和二姐夫也同时遇难，留下一个孩子由她代养；她丈夫86岁的奶奶、64岁的父亲和一个存在严重智障的大姐也需要她照顾。她原被北川县一家银行雇佣，但没等正式上班就地震了，银行倒塌了，她没了工作，没了收入。为了照顾家庭，她急需一份稳定工作。

博文发出后不久，李小文老师立刻给我留言，答应帮忙，他让他兼职的成都电子科技大学地表空间信息技术研究所的工作人员与我联系，通过学校人事部门在研究所给她安排了一份文秘工作。这让我和我朋友王克林（加拿大地调局太平洋研究所地球动力学研究员）都非常感激。小文能够热情地帮助一个素不相识的地震灾民，说明他的确是一个有大爱的科学家，对社会弱者抱有同情心的院士。

后来，这位女士实在离不开北川县，她要照顾的人都在龙门山里的北川，最后，她的情况经王克林等到过地震灾区的地质专家反映到国家地震局主要领导，四川省地震局将她安排在北川县地震办公室上班，事情到此得到了圆满的解决。尽管这位羌族女士没有到电子科技大学上班，她及其同情她的朋友们都非常感谢小文院士。她在感谢信中写道："我知道有这么多的人在关心我、帮助我，使我对今后的生活更有信心了，我会更加努力地工作。"

2009年7月，我与学生再次从加拿大去四川地震灾区考察，途中去北京拜访了李小文老师，与他谈龙门山地震灾害及其遥感与构造地质学相结合之事，我送他一本科普书《地震与中国大陆形影相随》，他还安排我去电子科技大学访问与讲学。那天进门坐下后不久，他拿着杯子问："茶喜欢浓些吗？"我回答："浓些吧。"结果是半杯子水、半杯子茶叶，那是我喝过最浓的苦茶，特别提精神。中午，小文老师与夫人吴老师在北师大一家叫御马墩的餐厅招待我吃午饭，席间谈的依然都是四川地震科学及其灾区的事情，没一个字提到科学网上的人和事，因为这不是网友的聚会，而是一线地学研究者的工作聚会。第二天我就去了龙门山地质考察，三周后病倒住进四川省人民医院做手术，小文知道后，还派电子科技大学地表空间信息技术研究所的两名研究生到医院病房探望，他们送的一篮子花为病中的我增添了温馨。

我于2009年11月18日在科学网写过一篇博文《李小文是个有大爱的人》，发表后还受到两个博主的讥讽，因为那个时候他们还不了解小文。那是我写他的第一篇文章，时过6年，我的结论没有变，李小文先生就是有大爱的人。当下，多么需要小文这样善良、纯真、有大爱之人！

小文，一路走好，在天堂里继续喝烈酒、喝浓茶、抽香烟、写博文、做研究……遇到实在难解的科研问题，您直接问上帝。

（本文作者工作单位为加拿大蒙特利尔大学工学院）

李小文何以人气冲天

金 拓

李小文老师突然驾鹤西去成为科学网数周热议、追思不断的话题；李小文的遗体告别吸引了上千素昧平生的网友同仁前往悼念；李小文成为科学网成立以来人气最高、最受尊敬的博主。李小文老师何以人气冲天？

但凡一位公众人士（或准公众人士）得到远远超过其世俗地位的拥戴和怀念，一定是其人所处的国度或社会存在着巨大的人文缺失，而这一社会缺失的对照面恰恰是主人公最鲜明的人格特点。应该没有例外，李小文老师的人气也是被当前中国社会严重的人文缺失烘托出来的。那么，李小文的哪些人格特质唤起了人们对社会人文缺失的痛感、共鸣和希望呢？

公道，肩担道义、扬善疾恶、秉承历史的公道是李小文老师的墓志铭，是其言行的归结点。

不少追忆文章提到了李小文老师对相对弱者的无私帮助。细品这些真实的故事，读者会发现李小文的爱不仅是慈善，更是对社会不公的抵抗。那些受助于李小文的科技工作者的困境并非缘于个人的先天不足，而是受虐于社会的本不该有的严重不公。李小文将对社会不公的痛感落实在一件件助人渡过难关的行动上，表现在其不以贵者群而广结孺子缘的"扫地僧"的作派上。

李小文老师的公道不只是柔善，还有疾恶。李小文是科学网上对李庄案公开质疑最多、质疑时间最长的人。李小文的质疑贯穿于胜负未分时段，而停止于胜负已定，压力解除的节点。

科学网博主中，李小文老师表达出对科学网的历史性期望。李小文第一个明确提出科学网是中国史上自春秋战国以来难得的一个百花齐放、百家争鸣的思想园地（其实民初也不错，笔者）。李小文深入其中，看似不务正业，实则在务大业——国家和民族的兴盛和谐，必须起源于思想的丰富和张扬。李小文虽然没有明确提出2000多年前的春秋战国文化在交通手段成万倍发达的今天意味着什么，但其将科学网与思想兴盛的春秋战国对比，启发人们（至少笔者）在世界村时代，全球春秋战国化成为可能。李小文的公道不是短视的，而是穿越的。

　　李小文的冲天人气折射出无论社会的阴暗多么弥漫，公道却自在人间！

（本文作者工作单位为上海交通大学）

怀念作为普通博友的李小文老师

李 宁

李小文老师突然去世，给我的震动很大，因为在我印象中，他才 60 多岁。根据当下的生活水平，别说是医疗待遇很好的院士了，就是对于普通老百姓而言，60 多岁也就是个中年尾声，老年还没开始呢。开始看见网上的消息还不敢相信，后来随着铺天盖地的悼念文字，我不得不相信了。我很悲愤而又无奈地想到，老天真的是不公，好人怎么就不能长寿？

2009 年，也就是在我来科学网开博的第二年，我开始注意到李小文老师。那个时候，我更多地关注熟人的博客。有一次在王铮老师的博文下面，我看见一位网名为"Lix"的网友留言，王铮老师在给这个留言的回复里称对方为"李院士"。我很吃惊，这里的博主里面还有院士！从此开始留意李小文老师的博客。李老师的博客风格给我的印象很深，他的博文短小，少论证，多感慨，快意恩仇，机智而诙谐。这种风格，看似随意，实则非有敏锐的观察能力和丰富的阅历而不可为也。看他跟网友的互动，不管是他在自己博客上给留言的回复，还是他在别人博客的留言，你会觉得他真的是跟网友打成一片的。当年科学网博主当中颇有几位与李老师一样在中国科学界鼎鼎大名的人物，但他们在自己的博客上跟网友基本没有互动（这里没有批评或者贬损的意思，每个人开博客都有自己的习惯和偏好，理应受到尊重），这使得李小文老师的博客特点更加鲜明。

其实，后来我才理解，李小文老师在这里开博客，他没有把自己当作院士，他也不是以院士身份来写博客的。很多跟李老师互动频繁、没大没小地跟李老师厮混的网友，也没有把他当作院士。他就是一个普通的网友。

可惜，我早年没有能够领悟到这一点。

自 2008 年开博到 2009 年，我在科学网博客上顺风顺水，博文常常被编辑部精选，乃至置顶到头条，不免暗自得意。2009 年 7 月，我写了一篇《说不尽的教授工资》的博文，照例被编辑部精选。不曾想，这篇文章引起了李小文老师很大的反响，他专门写了两篇博文，对我的观点进行批驳。李老师延续了他快意恩仇的风格，在博文里用语尖刻、冷嘲热讽，让我颇感难以接受。我写了两篇很长的答复，贴在博客上。在我的答复里，我先把李老师和我在科学网的地位做了一番对比，用以说明他的文章对我的杀伤力。现在想起来，我是很不应该这么写的。因为李老师在批驳我的时候，他早就把自己作为普通网友了，而我还企图用对方是院士来暗示两人话语权的不同。

如同中文网上发生过的很多吵架事件一样，这次论争的结果，是我不能接受他的批判，可能他也没有因为我的辩解而改变自己的看法。不过，事情早已烟消云散，当年争论的孰是孰非，已经不再重要。重要的是，这次吵架，并没有把我跟李老师变成老死不相往来的陌路人，也没有演变到互相揭短和人身攻击。李老师是能坚守住底线的人，这在网上并不容易做到。

2010 年 3 月，我有机会回国参加学术会议，其间顺便在清华大学作了一场学术报告。在报告会上，我见到了李老师。我在随后写的博客里，是这样描述的：

"走到会议室一看，里面已经坐了 20 几个人了。这么冷的天，居然来了 20 多人，让我很受感动。我赫然看到，靠门这边第二排，竟然坐着清瘦的李小文老师。我快步走上前，向李院士致意。李老师操着有四川口音的普通话说：'你看起来比照片上要胖一些嘛。'这番话令开场的气氛变得很轻松……非常可惜的是，李小文老师未能参加我们的午餐会，在我的演讲活动快要结束的时候，他匆匆离去，我因此也失去了一次当面请益的机会。"

我是做科技政策的，那天演讲的主题是有关企业技术创新联盟的。李老师是做遥感的，他的专业其实跟这个题目没有什么交叉。他的到来，更多的是作为科学网博友的友情支持。那天是个大冷天，李老师一早从北师大赶到清华大学，并全程听完了我冗长无趣的报告。

我从20世纪90年代末出国后，就开始浏览海外的中文论坛，见识过各类网上风云人物的风采，也见识过网上的腥风血雨。我见过太多的例子，两个原本关系不错的网友，因为一语不合而大打出手，从此形同陌路，乃至势成水火，走向对立和相互攻击。

李小文老师显然也是愿意参与网上论争的。但是，他不以院士的身份托大，而是以普通网友的身份跟对手平等对话。尽管他也会用词尖刻，但他显然是对事不对人，而且不计前嫌。从我跟李老师的这次交锋看，他的言行显示出来的是平等、真诚，还有长者风范。

2012年夏天，我再次回国，在北京见到苗元华。小苗说，你要有时间，咱们一起去看看李老师。我说，李老师那么忙，就别去打扰他了吧，如果网友聚会能一起坐坐就很好。可惜的是，网友聚会虽然实现了，但李老师并没有参加，我没能再次见到李老师。

再后来，在科学网博客上，我跟李老师都参加了关于洛仑兹曲线的讨论，各自写了几篇博文，有交叉讨论，也有黄秀清等其他博主的参与。我们的意见仍然相左，但那次的讨论是愉快而轻松的。我见识了一个60多岁的科学家对知识的执着与较真。

关于李小文老师的经历和资历以及他的专业成就，网上有很多介绍。他有着传奇的一生，有着骄人的科研成果。不过，在科学网上，他始终把自己作为普通网友。他的博客风格独特,吸引了大批的粉丝。这些粉丝或许开始是冲着他的名气来的,但成为长久粉丝的那群人,一定是被他的博客内容所折服的。

在网上,李小文老师不完全以谦谦君子的形象示人,有时语言尖刻,但是他从来不缺乏宽厚和长者风范;他不以科学大家的口气讲话,但他的观点往往透着机智和深刻。李小文老师嗜酒如命,他是一个地地道道的性情中人。他活得真实,率性。他瘦小的身躯里面蕴藏着巨大的能量。

他的一辈子,顶得上很多人的几辈子。

李小文老师千古!

(本文作者工作单位为美国东华盛顿大学)

痛悼小文

梁 进

那天忙于监考，到晚上才打开科学网，一则新闻直刺我心：小文走了！

好一阵，我没缓过劲来，竟然不知说些什么才能平缓我的哀思。

小文与我，其实算不上什么深交，平淡如水。最早认识的是被戏称"老邪"的小文的文字，嬉笑怒骂，深得我心。我也有一搭没一搭地丢两句评论，小文也总有回复。我还在"科网博主灯谜（1）"中以他的名字作谜"太白随笔"，由博友魏东平射中。

后来，知道他是院士，我还小小吃了一惊，除了敬佩他在学术上的成就，在我心里他就是一位普通的常常以文相交、没大没小的博友。

我和小文只见过一次。那次他偕夫人来同济大学做学术访问，由东道主做东，"风中的玫瑰"作陪，把我也叫上了，我那天正好有点杂事，匆匆赶到，居然迟到，小文和和温温地在那静等，弄得我特别不好意思，现在想想都觉得自己很不像话。席间聊天甚欢，我送小文老师一本拙作《淌过博物馆》，他后来在博文中特地提起，流露欣赏之意，让我十分喜慰。

小文曾有次外访时重病，情况非常危殆。我得知消息后惴惴不安，通过陪护他的博友"风中的玫瑰"得到即时的消息，知道他得到治疗后情况好转才松了口气。后来又看他继续写博文了，觉得危机过去了，再后来又闻其因布鞋出名，不禁莞尔，这就是小文！但我想他应该不会喜欢盛名，不管是他强势的遥感还是另类的布鞋，或许他更感兴趣我们的傻帮，更乐于科学网自由的空气。

网上有时会给人错觉。我原来一直以为那个老邪小文会穿着布鞋稳当当、舒服服地继续和我们同步聊天。然而暂缓的疾病没有放过他，让他先于我们走上了天堂。但我相信布鞋永远属于他，而他会成为夜空中最亮的星，继续和我们遥感相聚！

这几天，小文甩手引起涟漪波澜层层，人们纪念他，缅怀他，实在情不自禁。一个人可以是官高权重时前呼后拥，转眼落魄就门可罗雀。而小文则相反，生前院帽高高却隐身网海，忽然空遁立引念潮汹涌。我在想，他是有什么样的魅力能赢得如此众多的真心爱戴？有人说是人格，有人说是学问，有人说是率真，也有人说是平易，或许都是。但我认为更多的是人们内心的一种深深地期许，小文恰好以他的作为给我们诠释了什么叫知识分子！在物欲横流的今天，我们见过太多粉饰太平的专家，也听过不少追名夺利的学霸。我们甚至感叹所谓的知识分子早没了风骨。而我们在骂别人的时候，自己见了面前的不端不平却不敢直言，或绕或躲，甚至睁眼闭眼接受，最多洁身自好。而小文以他的行动给出了直接的答案，不论大小，身体力行，当声则声，当做则做。他在我们面前展现了一个大写的知识分子，一个大写的人。我想，这是小文留给我们最珍贵的精神财富。若"小文"多了，"雾霾"就少了。那就让我们大声地说：

今天小文走了，我们就做小文，明天，小文归来，我们都是小文！

赋七律一首，以送小文：

驰骋学界性情真，
誉满科坛本未痕。
院帽顶飞飞乱雨，
布鞋踏过过浑尘。
一生关爱倾能及，
半世洒脱恣意欣。
此去遥宫当论剑，
太白随笔属小文。

（本文作者工作单位为同济大学）

小文老师与我们的书

罗 帆

2015年1月10日下午,我正在组织2015年度人力资源管理经验交流会。通过微信上传照片时,忽然看到一个令人悲伤的消息:"布鞋院士"李小文病逝。

晚上,从书柜里找出我们共同完成的书《强震应急与次生灾害防范》,看着封面上小文老师的名字,我非常难过。

因为科学网,我有幸认识了小文老师。他的博客头像是一个嬉笑的婴孩,难以猜出博主的身份。2009年年初,我开始在科学网开博。小文老师有时来访并发表评论。针对我的一篇博文,他对文中人物的观点进行了批评,语言犀利,毫不留情。我感到不安,在回复中进行了辩解。有时,我去访问他的博客,但只是推荐,很少评论。

汶川地震一年多后,灾区发生了多起特大泥石流等次生灾害。苗元华博主在科学网发起编写一本关于地震次生灾害的书,博友们纷纷响应,小文老师热心支持并推荐了相关专家。因为时间冲突,我没能参加在成都召开的本书编委会第一次会议,但参加了2010年4月在济南召开的初稿研讨会。

在山东经济学院的会议室,参加研讨会的编委有李小文老师、刘玉平博士、陈安博士、苗元华博士和我,还有上海交大的陈龙珠老师、交通运输部公路科学研究所的王邦进工程师,以及山东省地震局应急救援处的李健处长。见到小文老师时,他的瘦小、谦逊和低调,实在令人惊讶。开会时,他穿着细条纹的白衬衫,外加一件多口袋的墨绿色背心。他的脸棱角分明,留着小胡子,一小绺头发垂在额头中部,朴素的外表透出独特的个性。大多数时间里,他只是静静地坐着,眯着眼睛倾听。他的发言简短,但总能抓住关键。

当我阐述应如何对地震后灾民心理危机进行干预时，看到小文老师微微地点头，不禁增加了几分自信。陈安博士对强震救援中的资源管理和震后组织管理案例进行了介绍，得到了小文老师等自然科学领域学者的肯定。这次会议，增加了更多应急管理的内容，本书的主题也从偏重技术转为偏重管理，书名确定为《强震应急与次生灾害防范》。

此后，我们这些不同单位、不同领域的学者齐心协力，不断修改完善，书稿逐渐形成。其间，遇到一些或大或小的困难，大家都不言放弃，想方设法去克服。

2012年年底，小文老师因突发重病住进医院。住院期间他依然坚持工作。当时，他参与主编的《强震应急与次生灾害防范》一书进入编审阶段。在病床上，小文老师口述，他的夫人吴老师录入，通过这种方式，按时完成了本书序的写作任务。

《强震应急与次生灾害防范》由中国科学技术出版社出版后，小文老师建议将稿费全部捐给地震灾区的小学，全体作者一致同意，并支持出版社开展义卖。这本书的出版，见证了科学网众多学者和出版人的成功合作。

小文老师已先走一步，我们在深切缅怀他的同时，要化悲痛为力量，努力做出更好的科研成果，并延续真挚质朴的友情。

（本文作者工作单位为武汉理工大学）

2003年7月2日,李小文院士在遥感所参加博士生答辩会 (程晓 拍摄)

科学网博友陈小润为李小文院士所刻木版画

追忆李小文老师

吕 喆

2015年1月10日20点前后,我从冰雪大世界看冰灯归来,快到自家楼下的时候掏出手机扫了一眼,凤凰新闻的一条消息让我惊呆了:可敬的"布鞋院士"李小文老师今天不幸辞世了……忽然感觉身心比方才在冰雪大世界感受的冰雪还要冰冷。我赶紧跑回家里打开电脑,登录科学网博客,满眼看到的都是对李小文老师的悼念文章,这场景也不免让我回忆起了在科学网博客上经历过的那些陈年往事,脑海中不断浮现出过去几年里与李小文老师以及其他科学网博友们之间真诚交流的点点滴滴。

李小文老师,一个博学而有思想的人

因为和李小文老师所处的学术领域不同,所以无缘在常规的学术会议上见面,只是在科学网博客中有过若干次的"隔空"交流。印象最深刻的一次是在2009年秋,当时我刚刚在科学网开博不久,写过一点儿我对古代兵器力学原理和使用的思考。在我的博文《从力学角度分析戈的消亡》下面,李老师曾经评论:"有道理,但同时应该考虑阵法。一般平原上的攻击阵是这样的,左骑右步。骑兵又分前后二阵,前阵以矛为主,靠冲刺。后阵以刀为主,散布宽一些。右步的兵器比较杂,甚至包括盾和工兵器具。弓弩手一般在后形成方阵,能向重要目标万箭齐发。攻城又不一样,爬云梯的一般单手持短兵器……"从这段话中我们不难体会到李老师的博学(一个做地理遥感研究的人竟然能对古代阵法如数家珍)。

其实这并非我与李老师的第一次对话。在更早的时候,在我有些"不自量力""不是谦虚,而是因为我对相关问题还没有做过深

入的研究"地评论了李老师的博文《约束玻尔兹曼各态历经假说的建议》,并为此写下一篇题为《需要给各态历经假说念段"紧箍咒"么?》的博文之后,李老师很谦虚地评论道:

"谢谢!有道理。用盒子包括小球总动量来约束,比用强迫分布对称来约束文明多了。但还是要约束滴!"

我回复:

"本来就服从的规律,不能算额外做的约束吧?!"

接着李老师顺便提出一个问题:

"……请教:很聪明的假设或者公理的差别是什么?"

这问题对我来说确实是个难题,我只好在想了两天之后,写了篇博文作答《"聪明的假设"与"公理"》。

在以后的几年里,我还曾偶尔和李小文老师有过一些针对类似的具体科学问题的讨论。通过这些讨论,李小文老师给我留下的印象是他不但自己专业领域的学问极好,对相关学科知识的理解也很到位,而且对知识的涉猎颇广,懂得很多,看问题眼光非常独到。因而我等博友与他在网上进行的讨论,很长知识,更能启发我们思考更多、更深入的问题。

李小文老师,一个"任性"而有作为的人

如今李老师虽然已经离开了尘世的江湖,但江湖中注定还将许久地流传他的故事和传说。从科学网的新闻、博文以及博友的交谈中,我多次了解到李老师热心助人的事迹。还记得,在2009年冬天那则援助流落街头摆地摊儿的某博士的新闻采访中,我第一次看到了李小文老师的照片,那时的他坐在小竹椅上更像是一个慈祥的邻家老大爷。也就是在那前后,科学网上时而会流传出北京博友们聚会的照片,那些照片和文字让我也看到李老师潇洒的谈吐和饮酒的豪爽,也对和博友畅聊豪饮的聚会颇有些神往。再后来,我又陆续从博友

的口中得知，李老师在慈善捐款方面很大方，对后生晚辈更是竭力地加以帮助与提携。不久以前，一则李小文院士"光脚穿布鞋作报告"的照片在各种媒体上广为流传，随即惹来民间一片惊呼之声，作为科学网博友，我等却觉得这片惊呼声不免"少见多怪"。

纵观李小文老师的这些所作所为，倒是真颇有些"黄老邪"的"任性"劲儿。这种"任性"，倒不是源自时下流行语中的"有钱"，恐怕也不能简单地归结于类似的"有权""有地位""有才"或有其他的什么，或许是一种源于自信和善良的本真。

即使不是院士，小文老师凭借这些年在科学网上展示出来的学问、见识，与博友网上网下的交流以及他在为人处世中表现出来的仗义疏财和侠肝义胆，也赢得了大家的敬重与信任。他的离去让我们万分不舍，我们只能自发地在科学网上追忆小文老师，纪念这位刚刚故去的长者和博友。

李小文老师一路走好！

（本文作者工作单位为哈尔滨工业大学）

从科学网走近小文院士

刘苏峡

那天一早我打开电脑,就接到工作群里传来的小文院士与世长辞的消息,脑袋顿时轰轰发懵。我马上奔到小文院士在科学网的"家",只见四处呜咽一片。楷翰哭诉着,"他只是抛弃了羸弱的躯壳,搬到天堂住了";久违的科学网元老之一"考槃子"杨玲拎着一壶泪酒,"没能再一次跟你喝酒",一直说,一直说;见过海辉、梁进,还有好多老朋友,看见国文丫头妹妹,不禁抱在一起痛哭,去年的这个时候,我们泪别融兄,今年又送"桃花岛主"远行,刚刚在科学网这片天地认识,还有好多好多的博文要写给他们看,还想读好多好多他们新撰写的博文,可如今网还在,人却不见,他们为什么走得这么匆匆。我呆呆地看着这一切,一个字也写不出,满载心伤的笔真的是抬不动,抬不动!

说来惭愧,我虽然窝藏在科学院,混迹在地学领域,工作在小文院士所在的遥感所的邻居研究所,但我几乎没有多少机会面见小文院士。记得很多年以前曾跟小文院士带领的工作组去过江西调研,因为当时人很多,我又没有实质性参与那项工作,所以基本上对小文院士只是仰望。曾经,小文院士抱病来我们所参加会议,他离开会场时,有几个人起身护送。我刚好坐在会议室门边,也赶紧起身送小文院士到电梯口,望着小文院士清瘦的面庞,我心里一遍遍地说"多保重啊,李老师"。那些话,挤过围在他身边的同事传到他的耳边,我想他是听见了的。

自 2008 年 1 月科学网迎来小文院士自居老邪的第一篇博文以来,包括我在内的科学网网友们就有了从各个角度走近这位大院士的机会。老邪的博文有的简短俏皮,有的博奥精深,一论点,一论据,一横，一竖，一颦，一笑，无不放射出老邪灿烂思想的光辉。印象特别深刻的是老邪在2010年8月撰写的博文《要有勇气站上巨人的肩头》(http://blog.sciencenet.cn/blog-2984-350933.html)。他在文中指出，"不做实验就不准发表论文这个教条，不但阻碍着我国科研数据的共享，而且压制着我国的人才培养""必须坚决反对"。他一边语重心长地对年轻研究生讲，"与老师商定大方向后，首先就应该从检索该方向的有关文献做起"，一边又睿智地传经送宝："不主张研究生的文献综述写完后，就急着发表。我讲了，这是为您自己指路用的。如果您的综述写得不好，那是垃圾文章，发表了会害人。如果您的综述写得实在好，指明了通往巨人之肩的路，发表了害自己。因为您还是登山人，赶紧自己开干，没有义务去指导竞争者。"一字一句全是大实话。一提遥感，大家也许都听说过主动微波和被动微波，可如果要回答它们之间的区别估计不是每个人都能简单地讲清楚。作为遥感大师的老邪，在他2014年8月的一篇《【咬文嚼字】源、汇、漏》(http://blog.sciencenet.cn/blog-2984-817082.html)一文中对主动微波和被动微波这样解释，"比如说，我们讲'主动遥感'的时候，讲的是遥感传感器自带闪光(激光、微波等)灯；讲'被动遥感'的时候，讲的是遥感传感器不带闪光灯，真正的'源'可能是太阳光，也可能是地物的热辐射(含微波)。"用闪光灯作浅显的比喻巧妙地回答了这个问题，给人的印象非常深刻。类似的例子不胜枚举。"老邪"在博文中开辟了好多有趣的专栏，如"国慎勿负川人"、"科网外传"，栏栏宝贝，篇篇珠玑，如今这一切却戛然而止。

我喜欢在自己的博客园子里轻松地行走，拾一些风花雪月。在李小文老师深邃文风的影响下，2013年6月我在科学网第一次写了一篇正儿八经的科研文章，用博文《试回老邪：降水—下渗—蒸发……》(http://blog.sciencenet.cn/home.php?mod=space&uid=20

55&do=blog&id=701990)试着回答了"老邪《提给水同行的问题》,老邪"专门写博文《谢谢苏峡》(http://blog.sciencenet.cn/blog-2984-702067.html)作答,并热忱邀请我参加他们的遥感尺度效应学术讨论会,汇报我们的工作。可惜由于我常年跑野外,一直未能亲自向给老邪汇报工作,导致成为终生遗憾。

不巧这段时间临时出国,恕不能回来亲自送老邪远行,唯这聊薄的文字,浅表学生对大师的无限怀念。

（本文作者工作单位为中国科学院地理科学与资源研究所）

怀念岛主——平凡而与众不同

孟 津

我不认识李小文博主,我们只是在科学网上"神交"。和别人不同,我给他早期的留言,或者回留言时,很多时候我都用"岛主"称呼之。比如 2008 年 2 月 9 日过春节时,在我的《年夜饭随想》博文下,李博主就有留言。我的回复是:"到底是在桃花岛上待过些时日,深得个中奇妙啊。"2009 年 1 月 26 日过牛年春节时,我发的《牛年的牛》博文下面,又有李博主留言,我的回答是:"岛主新春快乐,万事如意!"我这样称呼他,是他自称或被别人称为黄老邪。小说中天下五绝之一为东邪黄药师,是桃花岛主。敢把这顶帽子戴在自己头上的人,没有点绝世功夫肯定是不行的。这是我称他"岛主"的原因之一。

我称呼他岛主,绝不只是因为一个名字。我到科学网来开博客时,李博主用 Lix 的网名在这里施展他的"弹指功夫"。我们最早地切磋,是 2007 年 10 月 26 日,那天我刚把《我为什么开博客?》的博文放上,Lix 就留言,原因是我的博文中有一句"这个世界已经是一个大同的世界",那段博文讲网络对我们的影响。当时 Lix 的留言是:"这个世界已经大同?恭喜学业有成,但这个世界离大同还远着呢。"我赶紧回话,解释我的意思。可惜现在他的留言已经没有了,但恰好我的回话还在:"同意你的看法。这个世界离一个大同的世界还远。我想说知识获取的渠道今天和过去有天壤之别。我也不修改上面的说法了,留个补丁在这里更能显示博客互动的优点。"这一段故事,我在《科博五十有感》中有记录,在《科学网博客四周年——曾经的人和对话》中也有涉及。我可以用引号把岛主的原话录下。同时也感叹:"不用说,我是很知道桃花岛主黄老邪的;当然也就明白这科学网上是藏龙卧虎之地。"

紧接着，在2007年10月26日，我写了《同行评议》。那篇博文后面有游客留言，提出了些不同看法。Lix又留了言，大概的意思是不应该质疑孟津博主是否有资格提出看法。后来那位留言者留言道歉，让我把有关留言删掉，但我觉得大家是善意讨论，就把所有留言都留下了。但就像我在最近的博文中提到：科学网早期的博文中，留言都丢掉了，或者丢掉了很多。我刚才提到的这些内容，全部都没有了。我认为有些留言比博文本身更有价值，丢了挺可惜。所以觉得这是科学网办网过程中一件最为让人遗憾的事情。希望现在有的留言，比如李小文博主留在我博文下的绝响，不要再丢掉了。

　　李博主的博文风格，就不用我介绍了。他行文的一个基本点，就是能以一种平等心态来和网友交流。对于顶着一顶被神话了的"院士"帽子的人，在这个网上发言，其实是有点难度的，话说重了、说轻了，人们都有可能说你的不是。他能以普通人的心态在这里说话和对话，不容易，当然也说明他的底气。从他的博文可以感到他说话的谨慎和小心，同时也很照顾别人的感觉，尽管该刺的时候，他的刺绝对尖锐。如果我们要念他一点好，就多推崇在这个网上的平等对话。无论老幼、出身，作为网友，大家能平等相待、和平相处。这应该是常态，但做起来却不是那么容易，这是李博主能起到表率，也得到大家认可的地方。李博主是个可以开玩笑、有幽默感的人。2009年1月27日，有感于春运，我写了挤火车故事两则，结果他兴致大发，写了《答孟津大侠》，在里面讲了个当年的段子，说的是1973年左右，他从绵阳回成都，车厢如闷罐一般又热又闷，还没有上厕所的地方。这种条件下，他们一帮人怎么处理一个大姑娘上厕所的故事。

　　当然，我们严肃的问题切磋得多一点，比如说他在2013年8月17日的博文《为什么我们主张加上"光圈"》一文中，提到了地球上"光圈"这个概念，和岩石圈、水圈、大气圈等并列。这是一个很有意义的概念。对于一个做学问的人，提出这样一个学术概念，最好的回应，不是去恭维，而是去挑这个概念的毛病，这样会对他们深入考虑问题有真正的帮助。于是我就留了言，说了点我的想法。但这个留言现在在他的博客下同样丢失了。好在李博主在第二天的博文《答孟津老师》中，留下了当时的对话。从学术上看，我比岛主小一辈，但他亦称我老师，我知道他的邪乎，就不跟他认真了。一块在网上"玩"了几年，我知道在开玩笑时，他能开玩笑；说正经事时，他也是很正经的。

最严肃的一件事，也是我跟岛主真的有点"神交"的时候，是在汶川地震那段时间。那时他的一篇《遥感道歉》，可以感受到一个遥感学者的心声。那篇文章发表时，可能是受到了其他媒体的注意，点击率不停在涨。那是很简单的一篇博文，其中一段说："看见温总理昨天去灾区，飞机上工作的照片，手里拿的还是地图！不是遥感出的现势图！我们搞遥感的，真是恨不得打个地洞钻下去，就算地震殉国算了。"这段文字，让我见到他的专业注意力和一个知识分子的担当。那个时候，我也写了些东西，也鼓动在海外的地学界人士来科学网做点科普。汶川地震后的一段时间里，李博主心里一定是很纠结的，从他的几段博文中都可以看出。他在我写的《书包》博文下，留下了他的言论，也是很愤怒的声音。

后来我们有了一些通信联络，原因是我们都关心一件事：汶川震后重建中可能出现的问题，尤其是人为方面的。李博主准备给有关部门写信，把有关内容的初稿，以博文《对"汶川地震灾后恢复重建总体规划"的意见》放到科学网上，请大家提意见。我给他私下留言，说了一点我的看法。于是他把修改后的稿子寄给我，让我再修改，并问："如果我以'院士建议'的形式送上去，您介意联名吗？"这是他对普通博友的客气和礼貌，很诚恳，没有架子。我回复："我不希望我的名字在上面。我能起的作用就是给您一点反馈，这是您在科学网上贴出初稿时的初衷，希望得到一些意见。您以院士身份递上去比较容易引起注意。如果能够起到些作用，我也会很高兴。多谢您的诚意,也许以后在北京能见面。"结果我们还没有见面,他就匆匆先走了。

　　人早晚都是要离开这个世界的。李博主走了,走得过于突然,带走了一些象征性的东西,让人遗憾和伤感。我如果在他生前能见到他,估计我们会一起喝点酒。现在是不可能了,但我并没有太大的遗憾。君子之交,一切顺其自然就好,他本来就是个随意的人,走得也很简单,况且我们已经神交过了。对他的离去,每个人都有自己的解读,这很正常。这么多年共处一网,我知道我们对这个世界、在为人处事上有很多共同的看法,当然也肯定会有不同观点的地方,能够神交足矣。一个多年的博友,一个学者,我真的希望能看到他心里更深处的东西。他活着的时候,尽管不多说话,可我可以感到他的存在,有一种"气场"。现在他走了,我感到这里空了一块。

　　我过去建议过,非常希望科学网能在某个角落建立一个专栏,用"曾经的博友"命名,或者干脆就是"科网神社",把所有过世博友们的文字都放在里面,让我们能够常常去怀念他们,以提醒我们习惯了向前看的大脑,不要忘记曾经的博友。随着时间的推移,这个碑会越来越高。无论我们在他们活着的时候有多少不同观点,说起话来互相恨得咬牙切齿,但在这里也是朋友一场,活着的人最好不要忘了过去的人。敞开心胸,偶尔回去看看他们的文字,留个脚印,是一种祭奠。总之,不要忘却。希望岛主的文字能留下来,记录他在科研之外的一段人生,使大家能继续感到他的存在。但当我们在缅怀李博主的时候,不要忘记他为人的一个初衷:他一直都以一个普通人的身份在这个网上出没,神龙见首不见尾。他的与众不同,正是在于他看重的平凡。

　　博友一场,此为记。

（本文作者工作单位为纽约美国自然历史博物馆）

Essays in Memory of Xiaowen Li:
A Respected Academician and
A Friend to All of Us

科学网博友陈小润
为李小文院士所刻
木版画。

唯精唯一　允执厥中
——悼念李小文老师

逄焕东

与小文老师的认识，缘于科学网，缘于我们一起编写的那本《强震应急与次生灾害防范》。

大约是2009年4月，我在科学网上读到了苗元华博士的一篇博文，提到了要写一本书（即是后来我们一同编著的《强震应急与次生灾害防范》）。其间我正在给本科生上"城市防灾减灾"课，有一部分内容与该书契合，于是留言，说可以参加部分工作。很快，苗博士从新加坡给我打来电话，说在小文老师的倡导和提议下，我们可以做一点对社会有益的事情，因为中国本身就是多自然灾害的国家。我们聊了20多分钟，谈了书的框架内容，然后开始了资料收集的前期准备工作。

我们组成了本书的编委会，在准备了半年后，于2009年10月，我们一行人，包括苗博士、玉平、何彬彬、张灏，还有成都理工大学的王运生老师等，决定在成都召开第一次编委会。16日晚上，我第一次见到了小文先生。小文先生精神矍铄，言谈幽默，身着小马甲，看起来很是实用和方便，我想，这大概也是小文老师的科研风格吧。我们讨论了书稿的章节内容、编排方式。小文老师很谦虚，不具体干预细节，鼓励我们这些晚辈后学，把内容做详、做实，出一本高质量的、具有良好社会效益的好书。

半年之后，2010年4月，我们在济南召开了第二次编委会，敲定了书稿的最后细节。这是我第二次，也是最后一次见到小文先生。工作之余，我们一起游览了章丘的墨泉。小文先生这时候体现出了他的专业功底，游览时候边走边看，不时问导游一些问题。我们陪他走，问的什么现在已经记不清了，只记得有些很幽默、很有趣，而且能够把历史、地理结合起来看问题。我不懂小文先生的遥感专业，但是觉得历史、地理的结合，也就是时—空的结合，小文先生时刻在琢磨着他的科学问题，心无旁骛，可谓"唯精唯一"，值得我们学习。

后来，如小文老师在《强震应急与次生灾害防范》一书序言中所述，在各个方面的大力支持下，书得以付梓出版。其后，小文老师倡议，把出书的收入，大概1.2万元，也全部捐献给了汶川地震灾区的一所学校，作为我们这本书的社会效益的一部分。小文先生力求考虑得长远，努力做到社会效益最大化，尽善尽美，没有遗漏，可谓"允执厥中"矣。

2011年年初，家父去世。其间我恰好在英国访学，不能回国吊唁父亲，于是作七言绝句致哀。小文老师在拙作后留言，劝节哀保重。英国的冬天，雨雪湿冷，不见太阳，我的情绪也极其低沉，小文老师的话给了我极大的安慰。不想4年之后，小文老师也离开了，而且还很年轻。

桃李不言，下自成蹊。小文老师风范永存。

愿小文老师在天之灵安息！

（本文作者工作单位为山东科技大学）

感谢李小文老师给我写博信心

孙学军

惊闻李小文院士西去,非常难过,相信科学网的许多网友会有同样的感受。李老师一直是科学网众多网友学习的榜样,他将永远活在我们每个人心中。愿老人家安息!

李老师是我在科学网认识比较早的网友之一,在科学网上李老师给了我很大信心。

最早了解李老师是一场关于发表论文是否需要实验的争论,我当时刚刚到科学网来写博客,李老师支持我的观点,并专门写文章反对一些看法。刚开始我不知道李老师是院士,因为这次经历才逐渐认识了李老师,才知道他竟然是院士,也打消了自己觉得写博客有不务正业之感。因为像李老师这样的院士也和我们一起写博客,心理上也有了无比巨大的支持。虽然在学识和水平上许多人都望尘莫及,但李老师待人处事从没让人觉得高高在上过。相反,他与大家打成一片,毫无距离感。

李老师对大家给他的留言十分重视。一次我在他文章后提出疑问,他专门写《谨答孙学军博友》回应。

三年前曾经有一次机会能到北京拜访一些科学网的网友,包括看望李老师,但后来因为这样那样的原因没有实现,没想到这一拖竟然成为永远的遗憾。

一年前,李老师在《赞同陈希章博主的理念:科学网大学》一文中谈道:该校属医科,建议张三火博主、聂广博主、氢分子医学博主负责实施(欢迎其他博主参与)。并点名本人负责科学网大学的医学部建设,可见李老师对我的关心和肯定。遗憾我并没有认真考虑此事,枉费他老人家厚爱。

(本文作者工作单位为中国人民解放军第二军医大学)

这就是我的博友

王德华

2015年1月10日，北京天气不错，太阳照得人暖暖的。下午正在屋里看书，太太一声惊叫："北师大李小文院士去世了，才67岁！"我赶紧跑出来，看她手机里的新闻，确认新闻里说的就是科学网的院士博友李小文先生。

虽然文字确认了，心理上还是没有确认。怎么会呢，怎么会呢，前几天还看他刚发的博文，也是前几天还请教过他关于"除夕"的理解……怎么突然就走了呢？

上网看到科学网上有博友开始发文悼念李先生了，也只好接受这个还无法接受的事实。

李先生在科学网博客的头像是个可爱的孩童，表明他老顽童的心态。他消瘦的形象、睿智的文字，他的热心、爱心，还有他的俏皮，他的幽默，他的正义，他的风骨，他的低调……一一涌现在眼前。

想静下来写点什么，但面对这突然的噩耗，不可能平静下来。只能从科学网的交往中理出点头绪来，写点文字来怀念这位我无比尊敬的博友、有良知的学者和有责任感的老师。

与李先生相识，是在科学网上。说是相识，其实并没有见过面。有几次聚会相识的机会，都因故错过。通过他的文字，通过有关他的新闻，通过博友们的传诵，也算是与李先生老相识了。

我是2008年受科学网邀请开通了博客，开始在网上写点文字。刚开博不久，我办公室里学生送我的君子兰开花了，我拍了几张照片，写了点文字，学着发布在博客里。这应该是我最早在科学网上发的照片。记得有位Lix的网友（当时的科学网只显示注册名，不显示实名）看了照片后，特意告诉我如何养植君子兰。

因科学网升级改版，有些早期的评论丢失了，这很遗憾。还好，凭记忆，我找到了早些时间李先生在我另一篇博文后的评论。那是2008年五一假期，我去单位值班，下车时把带的午饭遗忘在出租车上了。到办公室后，写了博文《师傅，您可要享受我的午餐啊》。李先生看到后，马上支招：

别等，打电话。的票上有号码。我在的士上丢过风衣、手机，打个电话都送回来了。

我的回复：感动提醒！不麻烦师傅了，再折回来，就划不来了，油钱比我的饭盒就贵多了。祝福那位师傅吧。谢谢您！

那时我不知道 Lix 是谁。后来渐渐熟悉 Lix 网友，不知过了多长时间，也知道博友 Lix 的名字是李小文，又知道这位叫李小文的博友还是院士。2008年四川汶川大地震期间，从他的博文知道他是从事遥感研究的。再后来知道了他在科学院和北师大工作，又增添了一份特别的亲近感。说中国科学院，我们是院友。说北师大，我们是校友。

最后一次与李先生在网上交流是一周前，新年的第二天，2015年1月2日。李先生发博文《上海踩踏事件——社会心理调查》。文中有"这次除夕上海踩踏事件，理科生可以痛心、埋怨，但基本问题其实是文科的"的句子，出于对"除夕"二字的好奇，我随后请教于他并顺致新年问候：

王德华（2015-01-02 22:42）：李老师新年快乐！除夕，可否用于阳历年？

李先生回复(2015-01-02 23:21)：王老师新年快乐！我的理解，除字的本义，是去掉高位整数，只用低位余数的意思。所以有元旦，必有除夕，无论阴阳历均同。不过，人们比较普遍用除夕来专指阴历，元旦来指阳历，我也没意见。不知我的理解对否？

在科学网上，一直非常钦佩李先生的博学、睿智和机灵，诙谐幽默和平常心。

世事难料，1月2日我们还在交流，1月10日我却在写纪念他的文字，老天有点太残忍了。

说到李先生的博学、睿智，我很早就有很深的印象。我在2008年的博文《忙，是一种心灵死亡状态》中鹦鹉学舌解析了"忙"是"心灵的死亡"。李先生则另有新的解读：

  李小文（2008-08-25 12:44）：这个说文解字不对吧？亡，不等于死亡。亡，本意是没有，不在，缺位，可以是暂时的，也可以是永远的。忙，是暂时没心去想。忘，是暂时查不到服务器，链接不上，脑筋短路。

  我忙回复：还是李先生厉害！忙和忘都与"心累"有关。谢谢您的解说！

说起来我曾有幸与李小文先生合作过，还差点一起发文章。起因是在美国的一位博友针对当时关于中国学者的科学文章很多涉及抄袭或剽窃的说法，希望联合我们在 Nature 上发表一点声音。李先生和我都同意署名，后来由于与编辑部的修改建议没有达成共识而未被刊登。

2010年12月18日，李先生写了一篇让我吃惊、异常不安的文章，题目是《王德华：导师颂》。读后我发现这是李先生根据我的博文《一位对学生"什么也没做"的国际著名导师》中的部分文字而改编的诗句。由于题目很容易引起误解，我看到后马上在李先生的文章下留言：

  王德华（2010-12-19 12:01）：李先生好。感谢您喜欢这段文字和进行的补充加工。但您的题目显然被有些博友误读了。

李先生的回复是：谢谢谅解，我有些冒失。

我说：李先生言重了。有些读者以为您在夸我呢，这是我不安的地方。问好！

先生又回复：夸您也不错啊？第一网上评论您是好导师，第二那段文字写得本身就像诗。我挑出来分分行。没大错就行，小误会马马虎虎。承谅！

这就是我的博友。李先生好学，好问，思维敏捷，见解独特，喜欢交流，思考问题有深度。我在高原上工作，感觉到视觉尺度不同，对生命美丽的感觉有不同，我写了篇《生命的美丽和尺度》的小短文，在文章中说："尺度法则是生物学中很重要的法则，几乎可以决定生命的各个方面"。李先生随即提出关于尺度的问题。我知道他是做遥感研究的，对尺度有地质地理学的专业理解，而我只能从生物学上答非所问胡说一通。

李小文（2010-6-23 14:42）："尺度法则是生物学中很重要的法则。可以决定生命的几乎各个方面。"愿闻其详。

我的回复：李先生好。生物学中的尺度原则是生物体的某个器官（部分）的生长与整体体重（体长）的生长不是等比例的，如面积是平方，体积是立方，所以生物器官的生长有2/3规律的说法，后来发现是体重的3/4次幂的规律生长。通过研究发现，几乎有机体的所有生物学变量都是体重（身体大小）的幂函数级生长（2/3或3/4定律）。这就是所谓的生物学尺度规律（scaling and allometry）。

李先生是一个人情味十足的人。他对生命是很珍惜的。我在博文:《生命的坚强和脆弱》中，讲述了自己在高原上发生高原反应的感觉和经历，感叹生命的脆弱。李先生很是关心，责怪中显示了他的关切和着急："王老师保重！毕竟不年轻了。您的年轻学生和助手们呢？没人管吗？"

……

这是我们在科学网上交流的一些回忆，值得回忆的还有很多很多。回忆与离去的朋友间的交往，是很痛苦的。

李先生在科学网上是一座丰碑。院士的光环没有让博友们感到彼此间的生疏和隔阂，也没有让博友们远离他，这就是魅力！他的心态，他的涵养，他的品位，他的作为，都是我们的楷模。他有知识分子的风骨，有平等自由的心态，他为我们做出了榜样。

李先生走了，他离我们远去了。他在科学网上留下了他的思想，留下了他的智慧，留下了他的胸怀，留下了他对生活的热爱，留下了他对社会问题的关注和思考，更留下了他对生活的留恋……

接受也好，不接受也罢，李先生真的走了。他那羸弱的身躯，没有让他挺过这个还有些温暖的冬日。

李先生走了，走得那么匆忙！匆忙得都没来得及跟博友们打个招呼，匆忙得让博友们措手不及。

李先生走了，科学网上再也读不到他那充满睿智博学的文字，再也读不到他那诙谐俏皮的评论！

李先生走了，把我们抛下去远行了。

痛心！悲痛！

沉痛怀念我尊敬的博友，我神交的朋友，我敬仰的老师，我敬仰的学者——李小文院士！

李先生，您一路走好！

（本文作者工作单位为中国科学院动物研究所）

追思老邪

王春艳

我不知道眼泪和文字能将我的追思带去何方，我只知道眼泪是源于自怜自怨，而文字是关乎一位长者……

敲出第一行字，我决定以任性文字的风格……

小时候总追着攥着被人剧透，因为每当死神随着偶像命运的跌宕隐现出狰狞，我就被纠缠得很难过，非要当生或死塌缩成一个消息，也就消减了挣扎与恐惧，只留下了纯洁的崇敬与哀伤。于是死亡也就温和起来……

小文老师也是这么温和地离去，不曾给我们留下担心和惶恐的丝毫机会，直接将自己的离开简化成了一则消息……

写到这里，老邪的形象就幻化成一双狡黠而羞涩的笑眼，我没有见过老邪的动态表情，只能依靠想象。

我不是没有过一丝一毫的担心，因为一直听说他的身体并不强壮，但总以为一个人若能够春秋笔法热血柔肠地在博客上东拉西扯，那自是远离了死神的逼迫，笑傲偶得的小恙，就这么病快快地长命百岁的人有的是，我自不必担心，且等最凑巧的机缘拜会……

我不清楚老邪如何预计自己的归期，我只知道2014年6月有一篇《关于"尊严死"预嘱》，我觉得他的选择是一个自尊自爱的人体面的选择，而今他连选择的痛苦和遥远的牵挂都不曾麻烦大家，就痛快、洒脱、任性地走了……

老邪，我是CY

2014年9月末，凑巧了几多公事私事，我匆匆赶往北京，住在北师大后面的小旅馆里，伺机前去拜会，我想小文老师无论早晚有些时间，我随时都可以拜访。

给小文老师的手机打电话，已是心动怦然，不知道那一句"我是CY"说出时，那头将传来怎样亲和的笑声，风趣的话语……可电话无人接听，短信也没有回复，我有些焦虑，只好求助科学网的短消息，小文老师很快回复："太遗憾了，我现在在成都。今后吧。"

半月之后，一天忽然收到了小文老师的手机短信："CY，你好，真是抱歉，我9月22日离开北京去四川，把该手机落在北京家里了，故今天回京方看到你的短信。错失一晤，还不回信，真是失礼之至！祈谅！小文。"我知道老邪亲和，但未料细致至此，时至今日，当我敲打这几行字，却已泪流满面……想来我与老邪的交往，竟只限于文来字往，连个电话都未曾通过……

本想年前找个时间再一次专程拜会，实在是没想到老邪这么快就走了……

悔恨懊恼没有早点拜见老邪……

没有别的理由，就是自己太懒惰、太矫情。怎么在科学网混了六七年？！北师大也出出进进无数次，怎么就没见上一面呢？！

黄老邪还是扫地僧？

我不希望老邪被造神，因为有人吹捧，就定会有人看不惯，于是辱骂嘲笑就会跟上来，污了小文老师的场子，让敬他爱他的人伤心。神圣化与妖魔化，相生相杀，总是太过激烈，太过嘈杂，失掉了本来的模样……

老邪就是老邪！

初中看83版的《射雕英雄传》，最喜欢的人物不是郭靖、杨康，而是黄老邪，萧疏轩举，吹箫踏花而来，其岂是懵懂后生可比。后来读了一堆金庸群侠，最喜欢的是令狐冲。这种喜好似乎在金庸迷里相当普及，我想这也是小文老师受大家喜爱的原因。

我一直不愿意将小文老师称为"扫地僧"，虽然扫地僧是武功德行登峰造极的世外高人，但却不入名册，而且性格不详、身世不明。

小文老师身为院士，那也是入了排行榜，排名五绝的人，性格中最重要的是一个"邪"字。我对"邪"的理解是不按常理出牌，不受礼仪束缚，遵从是发自本心的善意。

百度有云：黄老邪，"桃花岛"岛主，"正中带有七分邪，邪中带有三分正"的人物，武功造诣非凡，已臻化境，上通天文，下通地理，五行八卦、奇门遁甲、琴棋书画，甚至农田水利、经济兵略等亦无一不晓，无一不精。个性离经叛道，狂傲不羁。性情孤僻，行动怪异，身形飘忽，有如鬼魅。黄药师漠视"传统礼教"，然却最敬重忠臣孝子（据黄药师的说法："此乃大节"），个性行事潇洒。活脱脱就是一个博古通今遥感地理的科学网老邪形象，只是不知这琴棋书画老邪的境界如何……

而令狐冲"生性放荡不羁，爽朗豁达，豪迈潇洒，不拘小节，喜欢乱开玩笑，却有高度的忠义心，天生侠义心肠，并且深情不移。自幼便嗜酒如命，对酒道亦有见解。亦爱广交五湖四海朋友，无论正邪，值得交往的，都愿意和他当好朋友……"又多了一个"酒"字，更是契合！

我想李小文老师对自己的武侠人物标签——"老邪"，才是最贴切的，至于穿什么鞋子带什么花，那都是表象，不在他的关心范围之内……

那段日子布鞋院士传得沸沸扬扬，我没能得空掺和进去，看了《中科院扫地僧院士爆红　泰斗级的海归专家》的报道，觉得写得还不错，没啥让人觉得不舒服的地方。只是小文老师或许并不能习惯这种炒作，他追求的是自然平实，这也是他博得众人爱戴的重要原因之一。

已经有很多敬重小文老师的朋友开始张罗着给老邪著书立传了，很感动他们的付出，但也很担忧，担心这建构和解构的文字场会污了小文老师淡泊名利的清誉，扰了先生在天堂煮酒笑论世间事的雅兴。

中国人的传记我读得很少，外国人的传记我也主要局限于物理学家，本不敢评论，但可以谈谈自己的感觉，中国当代以来的传记似乎都太不认真、太政治化、太"高大上"、太目的性……因而不但少了对学术的准确客观的评价，也缺乏对人性的深刻理解和自然而然的尊重。而国外的传记则更尊重真实史料，人性的逻辑。牛顿方程的伟大不会因为他的暴戾专制而失去正确，狄拉克"秋水不染尘"的文章也不会因他幼年父亲的专制而变得污浊，居里夫人简朴大方的蓝色婚装也不会因为她与郎之万的倾慕缠绵而变得猩红，人性的弱点和人性的光辉同样迷人，纠缠出一个个真实美丽的大写的"人"。

我觉得真实、客观就是对一个尊者最大的敬重！

谁又能还我们一个调皮、可爱、睿智、豁达的老邪？

高僧大德

那天老公看我一脸笑意地坐在电脑前面，奚落道："且！写个悼文还笑什么笑……"

可是，当你在那些调皮风趣幽默睿智的文字中游走时，那脸上的笑意不也是最自然而然的缅怀吗？

我猜想小文老师看到那么多人为自己流下的那么多的泪水定会局促不安的，可那些泪水也是自然而然的，而我很早以前就已经蜕变成容易流泪的人了……

十七八岁的时候心最硬，我最爱的姥姥去世了，我都没有流泪，只是夜里睡觉会紧握自己的拳头，希望能拴住姥姥的命……

后来却越来越容易被感动，有时听个宣讲唱诗，一堂人里就我泪流不止，很不符合我女汉子的形象，让我有些不好意思。

公公车祸那年，在手术室外面，我泪如雨下。没有血缘的亲情，本不至于此。我只是忍不住悲伤一种美好的不复存在：那时候公公极宠他的孙子，而且手又巧，电工木工啥活儿都会干，总对我儿子说"等你大了我带你做这个做那个……"我也就信誓旦旦地要把新房的地下室弄成个实验作坊，而忽然，这幅老少一起摆弄工具作品的美丽画面就破碎了。

而今，老邪又倏忽而去……

本来老邪人生丰盈，任性痛快，对于自尊自由、清心温欲的个体，67岁的年纪已无所谓殇，比做个痴痴呆呆的老妖精要好很多很多，在这个乱哄哄的世上，难得修持圆满，也算从了心愿。

只是我们却要执意哀伤，因为属于我们的某种美好倏忽间离我们远去了，一个百家争鸣的桃花岛，一个自由思想的科学王国，汇聚了"中国最强大脑"，产生原始创新思想、与"邪"共网的美好愿景模糊了。

也许这种美好本无所谓有无所谓无，有人说："中国科学界啥德性，科学网就啥德性。大家来玩一玩而已，什么都不能当真。"是啊，游戏人生，是不是也要入戏才有趣些？而期望扮演的角色也和美好的认可度有关，岂能不当真？

徐晓总是一会儿枪挑教授治校，一会儿嘲笑重大计划，更是一直唱臭唱衰SCI……可他总盼望大家以高僧大德为标准，将污了的场合重新建立，而凭借的是"心月互为根"的虔诚。我心里知道科学网上很多人不这么想，美娣不这么想，陈安不这么想，贾帅也不这么想，孤魂更不这么想……（对吗？），但我却相信"高僧大德"是根本，至少是根本之一，而小文老师算得上高僧大德，也许这是总有人愿意称"老邪"扫地僧的原因……

我没有能力概括老邪的品性风格，只是觉得他的内心具有真正地面向最广泛人群的生命尊重，他总能找到恰当的方法，将自己的人文关怀和社会责任表达出来，产生警醒规劝的效果，引发讨论，而不是引起争执。

而之所以他总能找到恰当方法的原因，源于他的信念和智慧，他相信某种美好的历史必然和技术相关，即使通往宝塔峰顶的路上污秽满地，但光亮的指引他是识得的，而逢山开道遇水搭桥的大勇大智奇技怪巧他也有！

"孤魂"（科学网博主）一句喜欢的因果推理实在太过跳跃，恕我迟钝，不能理解其中曲直宛转。我倒觉得，一个睿智聪明、有胆有识、热血柔肠的长者岂会惧怕一顶帽子压弯了腰？又怎会为了门儿清的清誉丢弃了自己的责任和慈悲？

我对破坏性的建设不感兴趣，太不环保，也未见得新奇的西洋建筑就能逃得了断瓦残垣。我觉得就那么耍耍小技巧，玩玩大智慧，整点意识流，来点穿越剧……也说不定新陈代谢，斗转星移地也就变了……

看到酒店招聘员工要求喝马桶水的新闻，李小文说，换做自己一定认真清洗马桶，舀一碗水喝下去，但还要再舀一碗，让面试官也喝下去。这就是小文先生的豁达与智慧，宽容与抗争……

保洁大姐一边擦拭玻璃，一边听着圣经，比我更虔诚，我不知道别人从里面得出的是什么解释。我理解的是，人都需要圣洁的感情，这种感情最美好。

我不在意功名利禄，我只在意可持续的美好体验！

小文老师走了，不带走他的思想，不带走他的愿景，不带走他的期望……

但是少了您的春秋笔法，少了您的嬉笑怒骂，少了您的敲山震虎，少了您的正本清源……那幅美丽的自由愿景就少了一种色彩，丢了一种欢乐。

虽然我们定会再寻欢乐，或者再造，或者臆想，或者痴念……但一幅美丽画卷的轰然化作尘埃散去，又让我们怎么忍得住惋惜，留得住眼泪？

将老邪的讨论进行到底

我曾经幻想科学网里也能整出个"奥林匹亚科学院"，而院主就是德隆望尊的"老邪"院士了……

"老邪"也是处心积虑地忽悠大家讨论,因为他说过,百家争鸣的机会,历史上不多。文章的最后一段是这样:"再就是科学网给我们的这一个平台了。可以比较自由地争论,通过自由的争论,大家能讲清楚道理,增长知识,繁荣学术。如果科学网能办长久一点,我相信能出成果,能出人才的。上网两年多来碰撞过的青年才俊,自己说过的真心话,超过这一辈子上网以前的总和。所以我个人非常珍惜这样一个机会。我个人在争论中力求做到:只讲道理,不争输赢;对比自己年轻、资历浅的争论对方,尽量不挤压别人自尊的空间。也许没做到,欢迎网友拍砖,老邪坚决改正,为科学网越办越好尽自己的义务。"

我也相信有这么一批人,如果聚在一起,无论争论场面多么激烈,心中定是坦畅愉悦的……不会有互相的谩骂,但会有互相的嘲讽,也有自嘲;不会有让人恶心呕吐的阿谀奉承,但也少不了互相的吹捧,也有自吹自擂,但不失美感,却多风趣……

科学网总会漏掉一些精品:虽然这其中的原因很好解释,比方说发表时间不对了,比方说发文博主不是精选大户了,比方说虽然是个好的引子,但是不像个精选的样子了。

比方说小文老师的《请教:光速不变原理》,就很不像个精选的样子,太短,太不认真的样子,但是一个很好的引子,于是有67个评论,而且很多都长篇大论,这样很好的自由讨论的样板,不被很多人所关注,那是多么可惜的一件事啊……所以科学网要想想办法……

好像"老邪"的很多讨论最后都并没有圆满结束、胜利闭幕过……

水老师说:"老邪"不会走!

我相信!

我们还会继续他的讨论,即使离圆满结束还有些距离……

(本文作者工作单位为潍坊学院)

斯人已乘黄鹤去　世间再无黄老邪

杨　芳

一边抱着孩子在床上嬉闹，一边翻看微信里朋友圈的消息，发现"布鞋院士"李小文与世长辞的信息，错愕与惊讶过后，我的眼泪一下就落了下来！

我仍然不愿意相信，老邪就这么走了，在 67 岁的这个冬天。撇下那个美丽的女子，撇下两个可爱的女儿，撇下他钟爱的事业。

斯人已乘黄鹤去，世间再无黄老邪！

科学网的江湖里哀思一片，擦干眼泪，尽管眼泪仍然止不住流出眼眶，他一定不愿意看到我们落泪，他一定在另一个世界大碗喝酒、大口吃肉，微笑着注视着我们。

只想安安静静坐下来，回忆和他并不多的交往。

我们分散在天南海北，我们原本毫无瓜葛，直到我们都在科学网安了家。有人的地方就有江湖，有江湖的地方就有争斗。

武侠离我们太远，闯荡江湖像一个传说，但金庸离我们很近，每一个人都在勾画自己的英雄梦！

江湖太过于模糊，我们勾勒不出一个传奇，但老邪却很真实，光脚穿布鞋的"扫地僧"就在我们的面前。

他嬉笑怒骂，他武功盖世，他天真可爱，他返璞归真。

他是名震一方的大师，执掌着自己门派的发展。他是行侠仗义的英雄，路见不平一声吼。

他是悲天悯人的长者，赤子之心回报这个社会！他什么都是，但又什么都不是，他不是高高在上的院士，他不是西装革履的学者，他是隔壁扫大街的大爷，他是家里和你促膝长谈的父亲，他是关心你成长的兄长，他是和你酩酊大醉的好友，他是你愿生死相随的知己，他是困难时雪中送炭的朋友,"苹果妹妹"(编者注:科学网博友的昵称)记得他寒冬时给过的温暖!

他是孤立无援时伸给你的一双手,"大呆"(编者注:科学网博友的昵称)记得兄长的仗义执言!他是英雄惜英雄的知己,梁进记得他给过的称赞!

他是坐在板凳上和那个博士后谈心、关心他成长的师长!他是天真可爱的孩童,真心喜欢小润刻给他的印章!

他是江湖里我们的"老邪",纵使我们从不曾相见。

只是有些后悔,后悔错过了我们唯一见面的机会!

2011年他曾托迟菲打电话给我,说可以资助一个人来回机票去北京参加科学网周年会,我因为宝宝太小推脱了,也错过了和老邪见面的唯一一次机会!

老邪也爱金庸,我写的《真小人与伪君子》里曾疑惑金庸在什么心境下写的《连城诀》,老邪回复说:"1957年金庸被打成'右派',夏梦也离他而去……"

2014年看到他光脚穿布鞋红遍网络的照片,我还曾会心微笑:瞅瞅我们的黄老邪!

而如今,却是斯人远去……

江湖里终究是再无老邪!

老邪,喝一碗酒送你,从此世间再无黄老邪!

(本文作者工作单位为西北有色金属研究院超导材料研究所)

与老邪交往在科学网上

袁贤讯

几天瞎忙，没有上网。2015年1月10日下午，准备躺在床上小休一会儿，打开IPAD瞄了一眼科学网，头版头条赫然报出李小文院士去世的消息，我几乎是从床上弹起来的，再也没有睡意。

我与老邪的交往，完全是在科学网上进行的。最早对老邪的认识，现在想起来，大概有几件事情。第一个印象深刻的在他在汶川地震之后科学网上写的《遥感道歉》。虽然之前曾在科网溜达时见过有人介绍他是院士，但以我这种尽力不"接见""权贵"的劣性，我基本上不太关注这个人。《遥感道歉》读后，才真正感觉到这位院士做事、思考的方法很特别，很接地气儿。

此后老邪开始关心地震预报，因为他和夏新宇关于概率预报方法方面有些互动，我也在中间掺和过一阵子。我那时不自量力，写过一篇关于贝叶斯统计基本概念的号称科普的博文。可是我在文中犯了一个很简单的计算错误，同时也大概是因为我在文章中出现了一些很不恰当的傲慢的语气，老邪抓住这个错误把我奚落了一番。但是，错误归错误，老邪还是给我的博文点了推荐的，这对我当时来讲还是一个不小的安慰。

我曾经因为自己的各种任性，一度将之前所有的博文全部删除。过了一段时间，我又开始回流科学网。回流后的第一篇博文具体内容记不太清，要么是只有短短几行，要么是写得很垃圾连自己都瞧不上的那种，结果第一个推荐的竟然是老邪，尽管没有留言。我那时就想，这老头子还真的是心思超细超好。后来又因某事某人和曹大侠、应急陈、孤魂等人在网上干了一架，伤心了很长一段时间。回来继续写博时，老邪仍然又是第一个推荐者。这时我才开始真正留意这个一点都不邪的老邪。我想科学网应该有许多年轻人都这样明着暗着接受过老邪的帮助和提携。

经常读老邪博客的人都会有一个体会，老邪是一个真的有大爱的人。他爱这个国家，但他的话语总是那样平实。他期待改革，但他不是不切实际的愤青。我从来与老邪没有过面对面的交流，但我从他的博客或散在科学网上的留言中发现，老邪在美国访学期间（应该是20世纪80年代早期）就对"保钓"事情很热心。我曾经有一阵子参与过OCEF（海外华人教育基金）的一些志愿活动，老邪知道后，给我私信感谢并鼓励我们继续这个事业，很显然，他是OCEF的早期活跃分子。

老邪在科学网上就贝叶斯写过不少博文，较近的一次老邪还在和我、徐子打闹，做他的读书笔记（http://blog.sciencenet.cn/blog-2984-718593.html）。老邪曾经提到过他的一篇关于贝叶斯方法的英文文章（http://blog.sciencenet.cn/blog-2984-719113.html），我下载看过，印象中，在前言里引用中国典籍词句译成英文并以此为论文立意的，应该是很少的。但老邪就是老邪，他就敢这样干。他不但传播他的思想，他还在努力传播他所热爱的中国文化。

老邪千古！

（本文作者工作单位为加拿大瑞尔森大学土木工程系）

追忆与小文老师交往二三事

张志东

  2015年1月10日晚11点得知李小文老师辞世的噩耗，心情非常悲痛，无法用语言表达。夜里几乎无法入睡，与老邪交往的往事历历在目，起床写下这篇悼文，追忆与小文老师交往二三事。

  我在科学网上注册开博的时间与老邪相近，但是老邪开博后有一阵子没怎么发表博文，而是以Lix的网名在其他博主的博文下评论，从他的评论可以想见这是个神龙不见首尾的高人。我特别注意到Lix，是因为我的一篇博文《从教员到考古大家》，他与我就一个有关满洲国的问题争论起来。两人观点相左，互不相让。从他的评论中可见言辞犀利，很有一些历史研究的功底（遗憾的是科学网早期游客的评论均不见了）。后来，我才慢慢对上号，Lix就是李小文，自称黄老邪。开始也没有把他太当回事，就是一名普通的博主。老邪非常平易近人，博文短小精悍，风趣幽默，看问题的角度有点特别。当时，科学网博主比较少，大家相互之间常常串门，一来二往就熟悉了。记得是无趣男杨玲提醒我，科学网上有个牛人，此李小文就是彼李小文。我上网检索了一下，敬佩之情油然而生，我敬佩的不是他的院士头衔，敬佩的是他的学术成就，在留学美国期间取得了以他名字命名的研究成果，敬佩的是他平易近人的态度。

  后来发生的事情，让我与老邪有了更多的接触，让我更加敬佩他的人品。他不但平易近人，而且为人正直，心地善良，忧国忧民。路见不平，拔刀相助。我与他仅仅是在科学网上相识，不是同行，在现实生活中基本没有什么交集。我一个晚辈，他也不可能从我这里得到什么好处。但是，就在我最困难的时刻，老邪挺身而出，仗义执言。我在科学网开博的主要目的就是介绍我的三维伊辛模型精确解猜想的工作。写了《追梦之旅》、《激辩猜想》的系列博文，在科学网有了一些影响。《激辩猜想》的激烈程度超出了我的预期。而反方有将学术争鸣引向对我进行学术道德攻击的意图。这时候许多科学网的博主和网友对我从道义上进行了支持和鼓励。老邪是支持我的代表人物之一。他发表了博文、留言，并且接受了《科学新闻》的采访，是为数不多的表达支持我声音的被采访者。他很有大侠风度，而且出剑神速，一剑封喉，可以说是名副其实的老邪。在《科学新闻》做选择性报道后，老邪在博客中公开了他的采访记录全文（参见他的博文《黄老邪答记者问》）。他的主要观点就是，尽管猜想极大的可能是错误的，但只要有百分之一成功的可能性就要鼓励。要鼓励这种科研探索的精神。可以想见，来自老邪的支持和鼓励对身处逆境的我是多么的宝贵！这份情谊我永生难忘！

我理解的老邪，自称老邪，实际上心特别正！我在科学网上还干了一件事，就是成立了傻帮。本来只是几个志同道合的博友的玩笑之举。我写了一个《傻帮章程》，成立傻帮。当时有不少博主响应，形成了诗词派之外"势力"比较大的帮派。我相信，老邪是少有的几个真正能理解《傻帮章程》的人，尽管他没有"加入"傻帮，傻帮的人实际上把他当成傻帮的精神领袖。《傻帮章程》推崇的是自然的理念，平等的理念，民主的理念。而这些正是老邪身体力行的。后来由于发生了关于老邪的网络事件，有博主不理解老邪的好心，对他发动了莫名其妙地攻击。老邪忍辱负重，笑对风波。但是，傻帮人等无法忍受对老邪的无端攻击，群起而攻之。眼见傻帮势大，干扰了科学网的正常运行，我及时地解散了傻帮。但是，老邪心中念念不忘傻帮。在上次生病住院期间，还想着傻帮，建议恢复傻帮。最后，我又恢复了傻帮。我想，老邪心系傻帮，不是要大家拉帮结伙，结党营私，而是提倡傻帮平等、自由、民主、自然的理念。

前两天我还在想，等三维伊辛模型的工作有了新进展，我要去北京见老邪，向他汇报一下，也不枉他当初支持我一场。没有想到，老邪已离我而去。我唯有努力工作，在猜想方面取得新的进展，以告慰老邪在天之灵！

老邪安息，一路走好！

（本文作者工作单位为中国科学院金属研究所）

本图为清华大学美术学院祖乃甡教授为李小文院士所画肖像。

一个没见过面的良师益友

赵美娣

一条谁也不愿意相信的消息，先是在微信群里面传开，说小文老师因病去世了，大家都不相信，还在说着要打电话到北京师范大学去核实，可正式消息马上就发布了，"李小文院士因病逝世 曾被称为布鞋院士"，科学网也在第一时间转了这个消息。最不愿意相信的事情还是发生了。

我在科学网写博客比较晚，一般也不怎么去关心博主的背景，写自己想写的，看自己喜欢的博文，不知道在网上是什么时候与老邪开始熟悉起来的，似乎和他成为好友的时候根本就不知道他是院士，却是因为他那老邪的外号。我属于在网上比较随便喜调侃的，又喜欢武侠，对老邪这个名字有天然的亲切感，他的头像也是我喜欢的，而且因为这个头像我自己判断黄老邪年纪不会很大，便在他博文下评论的时候也一口一个老邪的叫。突然有一天知道老邪竟是个院士，都有点不敢相信，查了下却成事实，不觉有点惶恐，那几天便改口称他为"小文老师"，不过总觉得不自在，有种生分的感觉，没两天还是改称老邪，才觉得没了距离。

记得科学网上是陈安同学首先把我称为"弟弟"的，说是因为我唱歌，男歌手里有个哥哥，女歌手里可以有个弟弟，一开始我很抗拒，提了好几次抗议，可弟弟的称呼还是被叫开了。没多久，老邪却在一篇博文里把我的名字拆开称作"美女弟"，他一定知道我不太喜欢弟弟这个称呼。突然觉得老邪真聪明，这么一改我对这个称呼便感觉特别符合网络上的别称，马上就欣然接受了。后来发现，"美女弟"这个称呼几乎成了老邪的专利，别的网友虽偶尔也这么叫，但叫得最多的却是老邪。

老邪专门写过几篇"答美女弟"的博文，我大致搜了一下，有《答美女弟》、《答美女弟问》、《再答美女弟问》，博文中完全就是网友间最真诚的交流，也有争论。老邪善用春秋笔法，博文中也多有以我的博文为引子，或者我的某个观点为由头谈他自己的看法，其中最典型的一篇博文很短，是《Niubious 狮子跳崖》，博文写道：

　　"美女弟弟的博文《由超级计算机实用缺位想到的》让我想到《科学报》6月24日第4版右下角的一幅雄狮跳崖的漫画，那只雄狮，显得很凶猛、很威风，向前扑去，很 Niubious。但是，ta 究竟在扑向什么？好像是在跳崖。我们几千年来，吃这一套。"

　　其实老邪的许多博文，并没用什么煽情的语言，但忧国忧民之心、古道热肠之心、正直机敏之心都跃然纸上。

　　老邪在看到我的一篇博文《学位论文之争是否有解决之道？》之后专门写了篇《版权的中国梦》，在这篇博文后我们有比较多的交流，当时谈到学位论文的版权问题，老邪甚至提议由我组织一场讨论，达成共识，再推动立法，认为这会是科学网很有意义的一件事。不过因为我之前也曾向图书馆领导提过相关建议，深知此事并非那么简单，而且认为自己人微言轻不可能对此事有实质性推进，打了退堂鼓。但也因为老邪对这个事情的关心，所以2014年自己作为学校的教代会代表也为学位论文的版权保护之事专门提交了一个提案，校研究生院因为这个提案改进了学位论文提交的某些流程，算是多少尽了点力吧，但离老邪所想相差太远。

　　我曾在博文中介绍过杭州灵隐寺附近的佛学图书馆，老邪很感兴趣，有一次出差路过杭州，估计是想去参观一下那个图书馆的，但没安排出时间，后来他在我博文后面留言："曾到杭州，想去拜访却没充足的时间。"弄得我非常不好意思，老邢来本该我来尽地主之谊的，哪有他来拜访的理？这大概是我和老邢可能相见的一次最好机会了，可惜却没能见上。想来人生就是这样，许多事情只能是永远的遗憾了。

老邢的突然离去，让我失去了一个没见过面的良师益友！痛哉！突然便觉泪水模糊了双眼……

（本文作者工作单位为浙江大学）

悼念博友李小文院士

曾泳春

翻看我的科学网微博,最后两条是 2014 年 4 月写的,都是关于李小文老师的。

一条是:一群西装革履的人散发着恶臭,在点评一个干净的老者。这是针对当时"老邪"的"布衣"形象遭到了一些人的攻击而写的。

另一条是:还没和"老邪"攀上关系,他就走红了,真着急呀!

而几个月后的 2015 年 1 月 10 日,依然还来不及和老邪攀上关系,他就走了。

说和老邪没攀上关系,根本就是矫情。老邪 2007 年下半年到科学网开博,我 2008 年上半年就开始在科学网上游荡,并于三年后开博。我们一直是博友,知道彼此的姓名、身份和网上昵称。他是李小文院士,他是黄老邪。

老邪在科学网上自始至终都很活跃,他和各博友交流,从来不挑身份、不挑喜好,虽然我在这里的时间很久了,但平均下来,我和老邪的交流并不很多。

在一次与老邪的博文意见相左的交流之后,老邪在我的评论后回复:"有人送了罐大红袍,我也不会喝,喝了可惜,等你来北京,我奉上大红袍。"

我说:"好。"

总想着有机会去北京,不急,人生长着呢!于是,我的这声"好",竟成了食言。

老邪,不知您喜欢喝什么茶。今天,泡一壶我最喜欢的铁观音,让袅袅清香为您送行……

(本文作者工作单位为东华大学)

缅怀李小文老师

赵 明

2015年1月10日下午4点半左右，一位同事在微信群里发了一条微信"李小文院士于今天13：05因病抢救无效在北京306医院与世长辞！"

看到这条微信第一反应是震惊！第二反应是不相信！

我立刻把这条微信转发到科学网一个微信群，顺便也给小苗转发了这条微信，请他确认。几分钟后，小苗来电话说消息属实！

我检索了一下我的博文，曾经有3篇博文的题目涉及李老师：《给李小文老师提供一发炮弹》、《对李小文老师"问题思索"（修改版）的点评》以及《李小文、潘学峰及众位名博》，这3篇博文都写于2009年，也是我刚在科学网开博客的那一年，一晃6年过去了！

知道小文老师的大名大概是2002年，因为那时候在北师大住过一段时间，也就近水楼台听到些李老师的逸闻趣事。

李老师原来在中国科学院遥感应用研究所工作，好像1999年被北京师范大学作为长江学者引进。2001年对李老师来说可谓是顺风顺水的一年，这一年他不仅获得了第三届长江学者成就奖，而且还当选为中国科学院院士。我那时没有见过李老师，但从其他人的描述里知道，李老师特别平易近人，和邻家二大叔、三大爷没什么两样。而且李老师特喜欢每天喝两盅，小瓶装二锅头不离身，喝完酒以后讲起课来那叫一个精彩啊，唐诗宋词一串串从嘴里冒出，把一些难懂的遥感原理用诗词解释出来，据说让清华大学学术委员会主任钱易院士佩服得不得了。

2002年9月，正好是北师大百年校庆。中央电视台为北师大校庆还专门录制了一台节目，在这台电视节目上，我第一次见到了李小文老师。李老师很腼腆地坐在几个学生中间，当说到当选院士的感受，李老师还调侃他的学生，说他们多幸运啊，早上一觉醒来就成了院士的弟子了。

真正见到李老师本人，大概是在2010年，记得当时陈国文老师从济南来北京出差，李老师在北师大东门外的一个餐馆请博友吃饭。在那次聚会上，我第一次见到了李老师和他的夫人吴老师。也是在那次聚会上，我还和李老师、武夷山老师一起照了相。

李老师给我的印象和传说中的基本一致，和蔼可亲，没有一丝大专家的架子，和邻居大叔没有两样。饭桌上李老师话不多，声音不高，语速较慢，说话慢条斯理，不经意一句幽默话就会逗得大家捧腹大笑。

后来我又见过李老师两次，一次是在他北师大的家里和几个科学网的博友去看望生病痊愈的李老师；一次是在博友的聚会上。

就在前几天还看到李老师的博文，没想到这么快他就离开了我们！

沉痛哀悼李小文老师，李老师千古！

（本文作者工作单位为中国农业大学）

送小文院士

曹志刚

北风狂呼催日暮，洒洒星陨仙僧殁。
殇文嗟叹失北斗，他日谁来引天路。

2015年1月10日，小文院士就这么毫无生息地走了！一代遥感的泰山北斗，地学的巨星，就这么陨落。听到这个消息，我无比震惊，李老驾鹤西去，留下了无数的遗憾。

初闻小文院士，是因网络的那张布鞋照片，认真地去看小文院士生平事迹的时候，却被他的人格魅力所折服。他朴实的形象是我最喜欢的，那时心里默默地把他作为偶像。生活洒脱、学术严谨是他在我眼中的代名词。

我于2014年秋季升入研究生，就读于中科院，随着对遥感相关知识的学习越来越多，越发了解到李老的伟大之处。一个人的伟大不表现在一瞬间，而是他的一生。记得上遥感物理的时候，老师说："'扫地僧'啊，如果世上能多几个扫地僧就是科学界的幸事。"可如今，世间唯一的"扫地僧"也没有了！下学期的定量遥感讲座本可有幸一睹李老风采，可如今天人两隔，剩下的只是一生的遗憾。

李老喜欢喝酒，喜欢看武侠小说，常常用小说里面的人和事儿来比喻现实的世界。他说他喜欢令狐冲，喜欢那种快意的侠义生活。也就是他的这种随意和洒脱，让我为他的魅力所折服。一个科学家除了认认真真的学术科研精神，洒脱的生活态度却更让我向往。

如今，李老已仙逝，今后再也没有机会听他的讲座了，也许这辈子没有见到他会是我人生最大的遗憾，没有听到他在耳旁的教诲，更是学习生涯的缺憾。这几个小时内我只是一遍一遍地看着小文院士的博客，读着他对社会和科学界的各种看法。他的博客只能停留在 2015 年 1 月 5 日，再也不会更新了……

　　李小文老师虽然走了，但是"扫地僧"的精神不会消失！

　　李老，走好，您的意志由我们后辈来继承！

（本文作者为中国科学院大学在读研究生）

别老邪

蔡庆华

"老邪走了。

什么？

老邪走了。

别胡说，小心传谣 500 次要入刑的。

真的……

不可能！昨天还看了他的博文呢……"

2015 年 1 月 10 日，周六下午。估计很多人如我一般，先从微信圈里看到这个消息，都不敢相信，也不会相信。网上的东西，貌似很多东西是不可以信的；那些转来转去的，不过图一乐，或是某种发泄而已。可是这一回，许多我很信任的朋友纷纷转来消息，令我有一丝不祥之感。匆匆赶回，上网，看到新华网的消息，击碎了最后一点残存的幻想。

可是，这怎么可能呢？前段时间一直出差在外，昨日回来，还在夜里登录科学网浏览了他的博文，甚至还有留言，原本希望有机会再好好交流的……

从此一别天地远，江湖再无扫地僧。

与老邪素昧平生，也忘了是怎么成为科学网好友的，大概应该是对某些问题某些事有些共同的观点吧。后来知道他是大名鼎鼎的李小文院士，略有吃惊。只是专业不同，却也没有怎么十分的在意。直到 2013 年 7 月 1 日，他写了一篇博文《科学网的三峡词话》，将我们几个博友就三峡工程蓄水成库 10 周年而草作的《沁园春》点评了一下，让我一下子感觉拉近了与他的距离。没想到工作繁忙的遥感院士，会认真读我们的这些"戏作"，并作了"入木三分"的词评（庄世宇博友语）。由此，我知道，老邪不仅是科学巨匠，在文学修养上也是楷模。以此为契机，我再次要求学生们，在所谓紧张繁忙的学业进程中，要多读书，甚至是多读"杂书"，要学会写诗，由此尽量摈弃浮躁社会环境所带来的戾气。随后，两位在读的博士生，毕业前夕写出了他们严格意义上的第一首诗，虽然仍显稚嫩，我也非常高兴，特专辑于《和香溪河站诗二首》，以向小文先生和众多关心本站的师长好友汇报。没想到老邪也看到了，真看到了，还画了一张笑脸并留言"不是逼着学生写的吧？"我想，他老人家应该也是非常高兴，非常欣慰的。在他的博文《始皇帝用的嘛地图》的交流中，老邪除了对我的问题进行详尽的解释外，还留言"书归正传，你们香溪站，应该只管到水库吧？怎么和诗里到洞庭哪？平常你们用遥感吗？"除关心本站之外，更说明他真是认真读了那些诗文，哪怕是小人物的作品！

呜呼，斯人已去，疼哉吾心。唯如陈楷翰博友意，我们当好好多出点东西，才是真正地怀念与感恩。

谨以一小律献与小文老师。

别老邪

江城三九冷风横，霾锁残阳雾气升。
微信频频推噩耗，芳心怯怯拒虚声。
急开科网留言簿，漫语江湖扫地僧。
前页小文尤历历，今夕布履尚盈盈。
巡天测地多尺度，闯北走南少矫情。
博客交流非论剑，课坛讲演正传经。
诗词歌赋笑三两，儒释墨庄汇一生。
驾鹤无须飞泪雨，桃花岛上化燃灯。

（本文作者工作单位为中国科学院水生生物研究所）

平等之态度　自由之思想
——我与李小文先生的交往

陈昌春

在科学网上，我与李小文先生属于地理专业圈内的博友，我所在的南京信息工程大学遥感学院（2014年改名为地理与遥感学院）与小文先生的工作单位北京师范大学地理学与遥感科学学院属于研究性质类似的学院。

我于2010年4月16日开博，开博的主要动机是以文会友，加强与地理圈、水文界专业人士的交往，拓宽研究思路、寻找科研合作机会。机缘巧合，第一位访问者（留有头像）得遇小文先生。未开博前，我未见过小文先生，也没有联络，但知道小文先生在遥感领域的鼎鼎大名，他的首访使我顿感激励。我开博不到4天，因阅读《走向思想解放之路》，发表博文评论，并用了"'二胡'联手"的表述。我开始误以为"二胡"的说法是我的自创，有点自鸣得意。不料小文先生点评道"当年凡是派指责'真理标准'一文，叫'二胡独奏'"，我不由得被小文先生对历史的了解而折服。

后来，我的专业性博文《洪水三要素是否推广为洪水四要素？》和《蒸发悖论与蒸发谬论——貌似物理常识却悬而未决的国际气象水文猜想》等，都被小文老师做了推荐。如此一来二去，我与小文先生也变成了网上好友。我个人有感于robust汉译为"鲁棒"似乎不太妥帖，发表《令人费解的鲁棒性——论robust的汉译》，引发了博友的热烈讨论，小文先生也撰文响应。

小文先生在网上建议对地理尺度问题进行讨论，我发帖介绍了水文学前沿学者对水文尺度的认识："针对尺度问题的解决，目前存在着两种不同的观点，著名水文学家Beven认为，尺度问题最终将被证明是不可解决的，必须接受分布式水文模型的尺度依赖性；而 Bleschl 认为尺度问题正在逐步被解决，而且将来必然在水文学理论和实践中取得重要进展。"

随着彼此了解的加深，我发现小文先生对于气候学、水文学研究及我国的水资源问题非常关注。他对我的其他一些专业性博文也进行了及时的推荐。对于我的《"旱涝急转"与"涝旱急转——创用"涝旱突转"、"洪旱突变"谈》，小文先生点评称"顶了，但有保留意见"。

小文老师 2014 年 1 月 3 日发表博文《答博友陈昌春》，针对我对他的博文《请教：趋势面（Trend surface）和尺度效应》发表的三点评论用商榷的口吻逐条阐述了自己的看法。此后，我又发表《"升尺度、降尺度"宜改为"尺度粗化、尺度细化"——答小文博友》和《地学领域的升降尺度是什么？都是梯子惹的祸！——二答小文博友》，与小文老师展开友好的讨论。

自李小文先生发起对"胡焕庸线"的讨论后，作为地理工作者，我也撰写了《"胡焕庸线"未必不可以突破，但突破未必是好事——地理圈内外谈》进行参与。

2014 年 9 月初，小文先生突然给我发了一条"求助"短消息，希望我参加他的遥感在行业应用的院士咨询项目。他在发来的邮件中写道：

"昌春博友，您好！我奉命给国务院写一个咨询报告，主题是以遥感数据共享作先行，突破行业壁垒，倒逼在数据共享方面大家有所前进。课题组设立了个水文水利小组，但真正的行家不多。从网上了解，您还是比较注意这方面的情况和动向的，所以我想邀请您参加该小组的工作。这没有什么经费支持，主要是义务劳动。但报告写好了，对年轻人今后的发展绝对有益。不知愿意帮忙否？谢谢考虑。小文。"

我表示乐意参加。我想，小文先生之所以邀请我参加他的院士咨询项目中国科学院学部咨询评议项目——"加强地理遥感尺度问题研究，提升我国遥感数据应用能力"，主要是看我对水文水资源以及相关研究比较热心，想让我在遥感应用方面提些想法。后来，我被分配在清华大学赵红蕊教授负责的再生能源组。2014年11月6日前几天，赵红蕊老师通知我前往北师大，参加咨询项目的前期讨论。会议之余，我想去拜访一下小文老师，但熟悉他近况的赵老师告诉我"李老师当天（6日）刚出院，身体虚弱，不宜打扰，建议以后再碰面。"我经过思量后觉得，我难得去北京，加之本次赴京本就是响应李老师的约请，理应去拜访他。于是，纠结之中，仍觉得应当告知一下。当天中午，我趁会议结束之后的空余时间，去科学网博友、国家气象局李庆祥研究员处拜访，并借李庆祥老师的电脑在科学网给小文老师留言（中午11点20分），称已抵京，如他方便，我打算探望一下。后来我与李庆祥博友在国家气象局食堂吃中饭，因上午在北师大开会时关了提示音，没有留意手机。一出食堂门，就发现手机上有一个多次未接的陌生电话，回拨才发现是李小文老师打来的，可惜当时我没有听到（平常我与小文老师主要是网上联络，未问电话号码）。我在电话中表示，如果李老师方便，我想去拜访一下。他热情地表示欢迎，并与出租车司机通话，详细介绍如何前往。我本次之所以执意联络，因为我认为与李老师在网上交往多年，他是愿意与我当面一叙的，以后恐怕不见得有合适的机会。

到了李老师家中，我没想到他的住处并不大，客厅很局促，进门就是一张沙发。李老师热情地招呼，与我并肩坐在沙发上，询问我的工作是否顺心，询问会议效果、项目进展情况如何。我说各方面均好，进展正常。我劝他尽量少喝酒，李夫人说，最近已经遵从医嘱，戒酒了。交谈中他告诉我，他上午出院并在家接待客人之后，就急切地登录了科学网,并看到了我刚发出的已抵京参会的留言与电话号码,因此才给我打了电话进行联络。我看他精神比较疲惫,不想多打搅,而且听说李老师有午休的习惯,于是简短攀谈后就告辞了。说实话,他看上去精神欠佳,我对他的身体状况感到忧虑,但很希望他能够康复。有点出乎我意料的是,时隔不到两个月,他就这么快离开了他心爱的科学网与广大博友们。

在人文精神上,我与小文先生也有不少相通的地方,将他引为同道与知音。2012年8月2日,我在短消息中对他说:"今日想到一联'面子上的科学家、骨子里的思想家',发现与李老师的性格似乎有些类似。我想用此语表示敬意,望不以为忤。别人往往只将您看成科学家,希望我是不多的将您看成思想家的人之一。"他次日在回复中欣然表示接受,并说"谢谢夸奖!我也很喜欢您的博文。希望以后多指教。"

小文先生在《百家争鸣的机会,历史上不多》一文中指出:"科学网给我们的这一个平台可以比较自由地争论。通过自由的争论,大家能讲清楚道理,增长知识,繁荣学术。如果科学网能办长久一点,我相信能出成果,能出人才的。"

总体上我认为,李小文先生既是成就卓然的科学家,又是充满人文关怀的思想者与社会评论家。他堪称"平等之态度,自由之思想"之践行者、倡导者。小文先生在科学网上不以院士之位现身,而以平民之心态在网上广交朋友、切磋学问、针砭时弊。我觉得,小文先生的思想深度在一定程度上是可以与科学深度并驾齐驱的。尽管由于出言谨慎与专业取向原因,小文先生并没有思想方面的、系统的理论建树。然而,小文先生自由挥洒,或语重心长,或明知故问的博客文字中却充满着对于国家、人类、社会、环境的关心。

(本文作者工作单位为南京信息工程大学地理与遥感学院)

"庹"震，谁来接这棒
——纪念李小文老师

陈桂华

李小文老师走了，让人难以相信！我不愿点推荐按钮去推荐任何一篇纪念博文。

我是到科学网之前就知道遥感泰斗李小文院士的，原因有两点：我自己也利用遥感资料进行地貌、第四纪地质和活动构造分析，对遥感风云人物自然比较关注，了解李院士是自然的；还有一事是，身边有人当年考博士差点"打入"李院士的团队。但是到科学网后，才了解了一个更丰富的李老师。

在科学网上，李老师给我点过赞。汶川地震后，《遥感道歉》一文引来众议，李老师为遥感在抗震救灾中没有发挥应有的作用感到痛心。玉树地震之后，李老师看到我利用遥感影像解译的博文《青海玉树 7.1 级地震地表破裂的可能出露位置》和《快鸟影像识别出来的青海玉树地震同震地表破裂》，居然点了赞。我想，李老师是一直关注遥感在地震救灾中的应用的。

在科学网上，李老师对我提过质疑。在我批驳科学网上两篇骇人听闻的博文时，李老师似乎还想套我这个"地震局内行"的话。从另一个角度说，李老师似乎是以一个普通民众在了解地震局，也是给了我们一个说话的机会。在《地震的烈度分布图》这篇博文后面，我的评论似乎让李老师很不满，专门写了一篇《黄老邪谨受教》。在这篇博文中，我知道了李老师发明的"庹（量词）震"。

在科学网上，李老师让我更深刻理解了"尺度"。对李老师的尺度效应博文其实没有认真学习，《遥感学报》在 2014 年第 6 期还有一个专栏是"遥感尺度转换与尺度效应"。按李老师自己的话说，

"老邪科学网上有有关尺度效应、尺度转换、数据同化、Bayes原理的系列博文"。但是，李老师提到的"尺度"对于地学其他学科研究方向来说，何尝不是同样的重要。在我对"地震的烈度分布图"的评论中讲到历史地震、古地震等地震资料时，"黄老邪谨受教"迅速联系到自己的尺度效应。这恰恰是我们在做断裂活动和发震习性所面临的相似问题。记得2013年的研究室年终学术会上，我是讲了多时空尺度分析在活动构造研究中的重要意义和应用的。

李老师曾经"插足"地震预报。他在科学网上留下了《临震预报的贝叶斯框架》系列博文。不过，我没能理解他所表达的科学含义，只从"地震系统的一分子"看到了一个对地震局"表达不满的网民"。李老师在博文中加了一句"重申：本栏目是怪哉虫儿，专门好奇，说外行话的，请各位专家赐教。"李老师的批评是尖锐、谨慎、谦虚的。李老师的博文《关于地震预报问题的一封信》也是可以看出这种严谨的态度的。不知道李老师的弟子是不是还在尝试遥感对地震前兆的分析，这可能是李老师研究的一个艰难的方向。

每一个科学工作者都知道，科学研究最重要的是"思想"。李老师在科学网上讨论的很多与遥感、地学相关的话题，其实都是没有正式发表的原创性思想。有博主在回忆中提到，向李老师约稿，李老师的回答是把发表的机会让给年轻人。李老师在科学网上讨论，至少我知道的包括概率、熵、尺度等内容，其实是将自己的想法无私贡献给讨论的参与者。从某种程度上讲，这种精神是对科学网和科学网网友的最大贡献。

李老师不是科学网经常上精选和热门的博主，不是吵得最大声的那种，却是博友认识和接触最广泛的一个。

李老师，您永远是众人仰望的一颗星！

（本文作者工作单位为中国地震局地质研究所）

七律·惊闻李小文前辈离世

陈晨星

哀鸿噩耗充科网，
院士先生已仙行。
赤脚传经堪率性，
白首纵酒也豪情。
林间雅隐成绝响，
岛上邪侠作古音。
地测模型昭后辈，
千篇博客慰天灵。

怀念小文院士

段含明

我与李小文院士从未谋面，但对这位平易近人、孜孜不倦的科学家充满了敬意！

最早知道这个名字是读研时赵英时老师主编的教材上有李小文的名字。当时并不知道这个人是什么来头，何况这是多么朴实的名字，就跟我们小时候课本上的小明、小红一样常见。只是从书中提到的模型和参考文献的数量看，估计这是个科学狂人。

初识小文院士，是因为他在《遥感学报》[2008, 12(6)]上的一篇短文《汶川震灾中遥感的应急与反思》。文章虽短，却直指要害。该文系统总结了遥感在汶川震灾前期工作中所做的贡献，同时也严肃地提出当前我国遥感技术和学科本身存在的严重不足和改进建议。针对这些建议，在汶川地震之后，我国遥感各相关部门和其他领域都做出了实际的调整和改进。可以说，这篇短文直接促进了此后不久发生的舟曲泥石流、玉树地震和芦山地震时的遥感快速反应。这真是功德无量！

我是2011年才开始注册科学网博客的。向来后知后觉的我，这才发现科学网上有小文老师的博客，而且此前传闻的《遥感道歉》居然是首发于此。找来详细阅读，句句铿锵有力，皆肺腑之言，尤其是那句"我们搞遥感的，真是恨不得打个地洞钻下去，就算地震殉国算了"，让我们看到一个有良知的科学家发自肺腑的声音。

从此以后，我便经常默默地关注他，开始关注他讨论尺度问题，开始知道他就是科学网上的老邪……

后来，读到小文老师关于时空临近度度量的文章《地理学第一定律与时空邻近度的提出》，觉得通俗易懂，原来学术文章可以用如此浅显的词句写出来。于是我就在李老师的博文中留了言。李老师后来专门写博答复，说他非常乐意写科普文章，虽然一些高规格的学术期刊不乐意刊登。这件事令我汗颜，我们这些打着科研旗号做事的人，有几个是为了科研本身而不是为了文章数量？李老师在科学网上讨论尺度问题，我也偶尔留一下言。后来这些讨论促成了李老师在地理学报上的一篇文章《定量遥感尺度效应刍议》，文章末尾的致谢部分还专门提到科学网的讨论一事。一般的科学研究，作者巴不得署名只有自己一个，哪里还有致谢参与讨论的人，何况是并不认识的网友。

一天，我无意中看到一篇分形的文章，对于分形的概念我有一点领会，便在科学网上记下自己的心得，没有想到李老师专门撰文讨论（http://blog.sciencenet.cn/blog-2984-743175.html），引起科学网上很长一段时间关于分形的热烈讨论，我从中受益良多，后来提出自己打算从分形角度分析遥感尺度转化的问题，许诺思路成形后给李老师发去 E-mail 看看。后来发现自己当初头脑发热的一时兴起，其实没有什么科学根据，没想到李老师在博客中发来信息，说还等着我的 E-mail。我说了实话，觉得自己的想法不靠谱，他还鼓励我继续探索，不要轻易放弃，还给我推荐了一位老师，说可以与他交流。惭愧，遗憾。关于分形，我到现在也没有理出一个成熟的思路，而李老师还没等到我的答卷，就这么走了……

一位像农民一样朴实的科学家，一位有良知忧国忧民的科学家，一位关心后辈无私地帮助年轻人成长的长者，从此离我们远去了！

不知道天国里有没有二锅头！要是可以邮寄，我给您寄去四川老家的高粱白酒……

李老师千古！

（本文作者工作单位为西华师范大学国土资源学院，科学网上博主名陈奂生）

悼念李小文

方锦清

（一）

你的出现，吹进了一股新鲜空气；
你的隐身，让科学网屏住了呼吸！
平民院士，让人感到多么可亲！
不修边幅，再现爱因斯坦英灵！
你比人年轻，为什么如此匆匆？
你留下精神，真榜样感天动地！

（二）

你和遥感技术一样神奇，
令人无时无处感觉到你。
你是赤脚布衣，
遨游浩瀚宇宙、神州大地，
饱赏人间天堂美景！
悟空伴你取经神游，
嫦娥为你起舞。
谁能与你媲美比拟？
只为永生壮志不移，
多么令人仰慕，
心中永记！

（本文作者工作单位为中国原子能科学研究院）

潇潇洒洒赴天涯

郭 舟

2015年1月10日,科学网博客空间以及朋友圈里全都被李小文院士病逝的消息刷屏。遥感界的一代巨星陨落,无数的后继者为之哀痛不已。

我对小文院士了解并不太多,但是从媒体以及同学的赞誉中,能感受到其人格魅力。

尤其庆幸的是,我曾经与小文院士有过一面之缘,虽然那只是远远地一瞥。2014年11月22日,我去中科院遥感所找同学,我们正坐在遥感所大厅的沙发上聊天,同学突然惊喜地指给我看:"快看,李小文!"我回过头,一个瘦弱单薄的老人正向门外走去,朴素的衣服,极具个性的胡子。那是我第一次见到传奇一样的小文院士,没想到也是最后一次见到他。

生命的突然离去,总是容易勾起人对生命脆弱、人生无常的无限感慨。我十分不愿意相信,就在前不久还步伐稳健、奔走在科研一线的小文院士,怎么突然就永远地离开我们了!何况他还那么年轻,只有67岁,他应该拥有更多的时间来为科学和教育做出更多的贡献,来享受世人对他的无以复加的尊敬和崇拜。

2014年,小文院士在中科院作报告的一张照片走红网络。照片中,尤为惹人注意的是他在桌子底下翘起来的二郎腿,黑色的、宽松的裤管,脚上穿着一双布鞋。这张照片几乎让小文院士成为家喻户晓的人物,一时间街坊市井、学校课堂,人人都在传颂着这位布衣院士的故事和风采。作为一个学遥感的后生,那段时间,我也为此得意了一把,逢人就说,"知道吗?最近网上特别火的那个布衣院士就是我们遥感领域的。"网友更是给他封了一个头衔——扫地僧,"看起来再低调平凡不过,而实则内力雄厚,绝世武功深不可测。"后来又听说，小文院士一天至少要喝下一斤白酒，更加觉得神奇。武功又高，酒量又好，为人低调，那不正是武侠小说里面的拯民济世、侠骨柔情的盖世英雄吗？

有一则记者对小文院士的采访，我读过之后触动很大。李小文出身于一个知识分子家庭，从小到大一直是一个相当平凡和不起眼的人，小时候读书没有始终名列前茅，也没有树立远大理想、忍受非人磨难，最终取得一番成就，在这样的励志故事里，他从来没有刻意地去追求什么，一切都像是顺势而为。他被下放到艰苦的农场时却想着人必须得掌握一点生存吃饭的本事，从而学了修理拖拉机的技能。到后来考研，本来没有打算真考，倒是因为别人的一句无心之言，便不得不考，并因此走上了学术的道路。在美国留学期间，他没有奋发图强、呕心沥血钻研学术的经历，而是边读小说，边学遥感，想的只是以后回去还是要工作的，多少得学点东西。待到回国时，他想的也并没有报效祖国或者大展宏图，实现个人抱负这些，只是觉得花了老百姓不少钱，不回去有点对不起，良心不安。

他做事情，全凭着一个标准，那就是心安；做课题项目也是，对得起课题资助的经费，能够交得了差便是。说起他取得的科学上的成就以及院士的评选，他也表现得十分谦虚：不过就发了几篇论文，被引用的次数多了些，运气很好。这就是小文院士，如此的谦逊，如此真实。小文院士说起他在加利福尼亚大学圣巴巴拉分校留学期间，特别爱读金庸的武侠小说，经常去图书馆拎回一袋袋的武侠书看。他说他最喜爱的便是《笑傲江湖》，他觉得自己和令狐冲很相近。我受父亲感染，从小便读武侠，看武侠，甚巧的是，我的父亲最喜欢的也是《笑傲江湖》。令狐冲的性格，重情义，爱自由，嬉笑怒骂，玩世不恭，因缘际会，练得一身绝世武功，完成了这一身武功的使命后，毅然放下一切，潇潇洒洒，远赴天涯。

愿小文院士安息九泉！

（本文作者为北京大学地球与空间科学学院在读博士生）

研究老邪博客留给时代的人文精神

李伟钢

老邪是科学网博主李小文院士的别号,是网络时代发展的一个独特博客标签。尽管小文老师的仙逝,让科学网失去一位众博敬重的意见领袖,但其思想风格永存。研究老邪博客留下的精神遗产,将是网络时代人文发展的一道美的风景。

老邪博客是网络时代的一个独特标签

看到科学网李小文的博客(http://blog.sciencenet.cn/u/lix),发现是极其普通的网页。没有显赫的头衔,看不到刻意经营的点缀,即使科学网编辑部也没有特别惠顾这位科学院院士,奖励更多的精选小红花,因为编辑和大伙一样,吃不准老师博文的"邪度"。其头像也许是可爱的小孙孙,现在看来,更显出对博主的人性刻化。小文老师最后一篇科学网博文是北京时间1月5日发的《【地图之问】答田青博主》。

熟悉科学网的网民们都知道小文博主的别名——黄老邪。邪不邪,从对高建新博文《血泪控诉何时休,科网冷血何时热?》的评论可略见一斑。这是老邪博主在科学网互动的绝唱,也仅是他西去两天前的事情。

在这个博客上的一些统计数据是永远不会变动的,正如科学网的公告"深切缅怀李小文院士,一路走好"上介绍的:"2007年7月29日在科学网注册开博,成为科学网成立上线以来首批活跃的博主之一,7年多来在科学网累计发表了1878篇博文。"同时,在科学网他有1816位好友,来自天津科学学研究所的孙兰博友于1月8日上午成为老邪博主接受的最后一位互粉粉丝。截至1月10日,李小文的博客访问量接近600万人次。

老邪博主是科学网多数网友公认的意见领袖

众所周知，科学网是由中国科学院、中国工程院、国家自然基金委、中国科协主管，中国科学报社等主办的一个中文科学类实名制网站。在科学网发展盛期，每天能发出 500 余篇原创博文。这里是政府机构、大学、研究院所等正式发布科技、教育新闻的重要新媒体，也是海内外科教人员促进科技创新、学术交流和生活来往的重要网络论坛。

科学网博客开博以来曾经发生过几次有关国家重大科技政策与管理的大讨论。较著名的一次当属 2011 年年底的科学院、工程院两院院士增选的网络辩论，就"水平派"与"贡献派"两个观点激争。那可真是一场好戏：群雄过招，难分高低；观众屏气，目不暇接。有水平也有贡献的小文老师在这场争论中，总是劝说大家：淡定、淡定、再淡定……天长日久，老邪博主竟成为科学网上一位和事大佬，博友间掐架了，心情不爽了，总想让老邪出来说两句，即使各打二十大板，也算是有个下台阶的说法。

据科学网博主智宇老师介绍，李小文院士早年曾参加海外著名华人学者网站 CND 出版物的志愿工作，特别是担任 1990~1999 年《华夏文摘》的部分编辑工作。20 世纪 80 年代前后出国的大部分留学人员都会记得这本刊物。每到周五发刊时间，大家争先恐后到 CND 网站下载打印，与家人分享。其中每期有一个叫"我们"的专栏，真切反映了留学生们的海外生活。

然而，在科学网博主间的信息互动中，老邪博主并没有炫耀这一在万维网上的高辈分经历。在这方面，著名网络搜索引擎 Google 知道 Who is Who，对科学网李小文的博客评级为 PR6，这在国内博客界是少有的。以北京师范大学的官方网站为例，其网站评级为 PR7。

由于科学网博客是实名制，博主们也可以注册虚拟网名，为海内外科技人创造了极其宽松的自由言论平台。有关老邪博主和莫测高深的"扫地僧"之间关系的传说更是玄乎，大家都以博文能得到老邪博主的点赞而高兴，亦为能收到这位良师益友的评语而欣喜。科学网网友中青椒们工作不理想了，吐吐槽；研究生写论文不顺心了，发发怨。往往造成了科学网博客"负能量"大于"正能量"的状况。而由于种种原因，有关部门很少对这些实际问题给出正式态度和及时处理。

豪情仗义、心细入微的老邪院士则是生活在科教基层内"小人物"的最佳网友，乐意倾听普通博主诉苦，给予安慰。网友们信得过老邪，愿意和他交流。久而久之，形成了老邪博主在科学网的意见领袖地位。小文院士仙逝后，科学网众多博主纷纷写稿，以不同方式纪念老邪，看得出他在大家心目中的重要地位和与其深厚的感情。

老邪博客留给网络时代的精神遗产永存

李小文老师去世后，科学网博客发文量和访问量大增。一些久久不写博客的科网"老"博主也纷纷撰文，纪念老邪博主。1月10—12日三天内，平均每天发表原创博文数达240篇，远高于上周发文的平均水平。博主们以朴素的感情追忆这位布衣院士，有的网友用心刻出老邪博主的肖像，有的博主用诗歌赞美科学网高僧。

然而，作为科技人员，需要从科学、人文、社会等角度来观察这些日子科学网发生的独特现象，以学术态度和技术手段来研究老邪博主留下来的精神遗产。李小文院士在专业技术上的学术贡献，自然会有史册记载，同行们会传承其研究成果。但老邪博主的人文精神及在科学网乃至国内网络发展的独特地位与作用，也是具有深远意义的，需要相关专业人员开展系统性的研究，总结出李小文博客溢出的人文精华，让老邪精神作为网络时代的一项重要遗产造福后来人，与世长存。

（本文作者工作单位为巴西的巴西利亚大学计算机系TransLab实验室）

他的灵魂听到了大地的沉默心跳

李 侠

这几日由于眼疾，一直在点药水，很少上网，刚刚给朋友写了一封信，谈了点由于生病而产生的胡乱想法，即关于生命周期的话题，随即在网上看到李小文老师过世的消息，头脑中旋即一片空白：这怎么可能？前几日还曾留言并回复，怎么说没就没了呢？连吸两支香烟，才缓过神来。

斯人已去，那些曾经的点点滴滴一齐涌上心头。其实，到了一定年龄，我们都有对过往生活的依恋，以此逃避陷入下落不明意义的真空之城。

科学网上很多博友与小文老师有过各种形式的交流，相信大家会有共同的感受：爱、坚持与理想。小文老师帮助过很多人，也热心公益，不论遭遇怎样的压力，仍然坚持自己的良心，其实他是一个理想主义者：朴素的外在形式与丰富的内心质料的完美结合。久而久之，他成为一种路标，成为很多人的精神依恋。科学网甚至中国科学界因为有他，守住了自己应有的高度，知识也因他的承载者衍生出一种伦理的光芒。他的灵魂由于贴近地面，而听到了大地的沉默心跳。

作为理想主义者，李小文注定内心是孤寂的。在理想向现实的转换中，他要一次次成为阶梯，以催生那种期盼中的变革早日来临。对于死亡，我们并不惧怕，毕竟人是向死而生的存在。我们通过爱延续了某种接力，然后，那些种子在荒野中发芽生根，思想荒野中的远行者给这个世界带来了春天的信息。诚如帕斯捷尔纳克所言："理想主义的存在，更多的是为了让人们去否定它。"《圣经》上说："一粒种子扔到地里，如果不死仍是一粒，若是死了，才会结出许多籽粒。"如果种子不死,又怎么会有秋天的收获。小文老师就是那一粒忘我的种子。从这个意义上说,小文老师还在,他的灵魂不死!我会记住,在那个荒芜的年月曾有一个人温暖过我们这个时代。

小文老师的突然离去,让贫瘠的日子突然又一次可怕地艰难起来!

谨以此文,悼念李小文老师!祝李老师一路走好!

(本文作者工作单位为上海交通大学)

怀念老邪

李 勇

霜风冷雨泣寒云,
立雪江天月断魂。
点画山川穷问道,
勤耘桃李好传薪。
琴心犹在多情网,
剑胆虚怀动地文。
此去先生多烂漫,
桃花岛上杏坛春。

（本文作者科学网博客名为李泳,工作单位为中国科学院成都山地灾害与环境研究所）

悼念博友李小文

刘 钢

在科学网上,我似乎是第一时间报道李小文院士辞世消息的人。那天我正摆弄手机微信客户端,突然发现新华社报道了李小文院士去世的消息:

被网友称为"布鞋院士"的中科院院士、北师大遥感与地理信息系统研究中心主任李小文因病在北京逝世。

李小文院士1968年毕业于成都电讯工程学院(现电子科技大学),1979年—1985年在加利福尼亚大学圣巴巴拉分校获地理学硕士、博士以及电子工程与计算机工程硕士学位。原中国科学院遥感应用研究所前任所长,电了科技大学资源与环境学院院长,北京师范大学遥感与地理信息系统研究中心主任,博士生导师,长江学者特聘教授,擅长于遥感基础理论研究,是Li-Strahler几何光学学派的创始人,成名作被列入国际光学工程协会"里程碑系列",在国内外遥感界享有盛誉。主持过多项国家863、国家重点基金、NASA基础研究项目,是国家973项目"地球表面时空多变要素的定量遥感理论及应用"的首席科学家。

2014年,李小文院士因其衣着朴素作报告的照片走红网络,有网友觉得李小文是现实版的"扫地僧"——一个沉默、不起眼的小角色,却有着惊人天分和盖世神功。

当时感到非常震惊,虽然我与他未曾谋面,但他在科学网的名气我还是知道的,真希望这是个谣传。

我知道李院士好酒,而且海量。据说他2009年接受采访时还对记者夸口，说一天一斤二锅头没问题。从他的口气中不难看出，他酒量之惊人。博友们有时也会聚会，记得 2011 年的冬天，为给南京的博友吕乃基送行，王德华、刘立、刘峰、李亚辉、迟菲和我等科学网的若干博友聚在一起。那天也请了李小文，可他因故没来，我也就没捞到与李小文院士喝上一次的机会。

李小文院士不仅喝酒，而且抽烟也很凶，中国科学院大学的朋友告诉我，给学生上课是不允许抽烟的，可唯独为他开了绿灯。我们在看到他穿着布鞋给学生上课的同时，他也是手不离烟的。这就是他的生活态度，不去受规矩的束缚。另外，穿布鞋也不是谁都能穿的。在北京，被称为"爷"的主儿才穿布鞋呢。布鞋是"爷"的"标配"之一。至于他烟酒不分家的生活态度，似乎也表明他的愤世嫉俗，大有魏晋时期竹林七贤之一刘伶的风骨。

作为科学网的博友，我们为失去这样一位好友而感到悲痛。2015 年来了，希望我们广大博友好好保重自己的身体，多学学养生之道。我以前也喝大酒，但由于身体缘故，就不喝了。我的几个好朋友都因喝大酒出了事故，不久前，我在我的博客中专门开辟了一个名为"酒虫生活"的栏目，讲我喝干红葡萄酒的体会，建议诸位博友喝干红而戒大酒吧。

（本文作者工作单位为中国社会科学院哲学研究所）

构筑生命的意义

刘玉仙

患癌后,一直纠结着此生该如何度过:是无所事事地维持生命,还是继续追逐梦想,在梦想中构筑生命的意义?如果生命不再有意义,如行尸走肉,那我为什么还要维持生命?而如果没有生命,我又在哪里去构筑意义?在这种纠结中,我还是远渡重洋,出国访学,想在有限的生命里,看看生命那头究竟有些什么,而生命究竟能够在多大程度上丰富起来。

一年的访问学者生活结束后,我回国了。回国后一直在试图适应国内的生活,想把自己作为一个正常人来开始正常的工作、生活。但因为内分泌治疗所用药物的副作用,眼睛一直干涩,视力都模糊起来,有时近乎看不清电视屏幕上的字。用过电脑以后,情形更加不堪,就尽量少上网了。武夷山老师连续给我留了几次言,我都没有及时回复,科学网上的文章,我往往只能浏览一下题目。科学网上发生的种种风波,我基本上不知道。

而小文院士的逝世,即便在如我这样几乎处于断网阶段的人,都不能侧耳而过。说来,我和小文院士几乎没有什么交集,他偶尔来推荐我的文章,我也偶尔去看他的文章,感觉他博客上的文章,字里行间透着些真性情,有些话是如我这般的人想说却不敢说的,有些话却是连想都想不到的,对他一直远远地敬慕着。后来和博友"风中的玫瑰"熟悉之后,从她那里对小文院士有了更多的了解,忍不住觉得他并不是那么遥不可及,也许有一天,我可能和他坐在一起,谈谈天,论论地什么的。

而其实在国外期间,我就想回国后去采访一下小文院士的。不是为他著书立传,而是想麻烦他引荐一事,听听他们的想法。在国外期间，我参加了由几个学城市发展和规划的朋友组织的有关 Scale and transformation 的阅读小组。在我离别的时候，他们以我的名义组织了一次有关中国城市化进程的文章阅读活动。受这篇文章的启发，我们决定写一篇《在城市中寻求精神家园》的文章，去参加一个由都市和地区研究基金 (The Foundation for Urban and Regional Studies) 联合国际都市和地区研究的国际期刊和 Wiley-Blackwell 出版商（The International Journal of Urban Regional Research and Wiley-Blackwell Publishers）组织的一次征文大赛。我们主要想写一下在城市化进程中，如我这样的乡下妹子在城市间逐梦而居，却屡屡迷失，即使在所谓成功的光环下，在繁华的城市里，却依旧找不到家园的故事。而小文院士曾经尽力挽救过一个在 Nature 或者 Science 发表过文章，却不幸罹患精神病的人。而这个范例很适合我这篇文章，能给这篇文章增加很多力量。基于此想采访一下小文老师，通过他了解一下那个得了精神病的科学家的心路历程，也想借机探探他这位大家对这个主题的想法。如果能获得他的同意，我甚至想把他的看法写进文章，以使文章立意更高。

　　因此，回国后一直想去拜会他的，但一直抽不出时间来。也一直没有把这件事情当做紧急事件去处理，总觉得他就在那里，在他的博客上留个言，应该就有个回应的。而如果去北京，在几个博友的引荐下，如我这种有正事的，他应该会抽出时间和我交流的，到时候我们就真的可以坐在一起谈谈天，论论地了。但现在却得到他逝世的消息，不仅无缘再见，而即使留言，回应我的，也不再是他了。

　　面对生命，所谓的得失，所谓的利益，都毫无意义。记得在一节课上，老师说，我们做任何事情，总是想从这件事情里得到什么。你会不会不为得到什么而做一件事。我当时就想，有时候我们做一件事情，并不是为了得到或者交换到某种东西，而是一种使命，是一种我们之所以活着的使命，是我们为之奉献一切都无怨无悔，即使最终一无所获，我们也觉得这种使命值得我们付出。比方我曾想组织小学同学回访一些我们的小学老师，但因为种种原因，一拖再拖。而最终老师去世，我们想做也没有机会做了，这种缺憾，可能是刻到骨子里，永远无法消除的。而我们所能做的，就是趁生命还在，竭尽全力，珍重曾走进我们生命中的每一个人，而不要在生命逝去的时候，空留些遗憾……是啊，面对逝去的生命，我们所能做的，是更加珍惜我们的生命，抓紧时间，完成上天所赋予我们的使命。

　　而在缅怀小文院士的时候，我忍不住又想起我到底该如何对待生命，如何在生命中构筑意义。生命的意义，无关乎长短，或长或短，生命总是要逝去的。在生命这个实体消失的时候，只有意义留存了下来。而小文院士的情怀，大家对他的怀念，让我们对生命意义的反思又多了一个梯度。

（本文作者工作单位为同济大学图书馆）

一个普通博友的哀思

罗会仟

2015年1月10日下午，微信朋友圈被一则消息刷了数屏——"布鞋院士"病逝，世间再无"扫地僧"。一看到这一消息的时候，和很多博友一样，我不敢相信也不愿相信这是真的。谁能知道前几日还在科学网活跃的黄老邪，瞬间就不在了……之前看到一位博友说，最近科学网不景气，其中一条，就是黄老邪不再活跃，原来，这才是真实的原因（这是所有博友不更新博客的最后理由，真正的"休博底线"，千万不要发生为好）。

科学网自成立以来，出过不少名博，也失去过不少名博，有那么几位，已经永远离我们而去了。2015年的起头有点悲伤，空难也罢，踩踏也罢，工伤也罢，看新闻的时候总觉得离自己很遥远，但看到小文院士去世的消息，着实令心里刺痛。短短的两个月时间，母校就痛失两名院士，黄祖洽先生走的时候，没来得及缅怀就到国外出差，连追悼会也没去成。如今又有一位极具个性的博友走了，他的博客，定格在了某一刻……

在科学网上，我只是李小文先生众多博友里极其普通的一个，我甚至不清楚他是否记得我。然而知晓李小文的大名，却还是学生时代的事情。那个时候在北师大读本科，碰巧系里有一位老师叫李小文，不过她是一位年轻的女老师，带我们近代物理实验课。那个时候，北师大正是鼓励跨专业跨系选课之初，学理科的去选修文科的课是再正常不过的事情，因此在选课系统里，你也许可以看到别的系的老师名字，然后，我们发现北师大居然有两个李小文，名字一模一样。后来开大会才知道，另一位李小文在资环系，是鼎鼎大名的院士。作为一个本科毛头小子，大抵只觉得，这位院士离我们的距离有点远，虽然大家都在一个校园里。四年本科毕业后，同学们各奔东西，同样学校鼓励跨系读研甚至跨系免试推荐，不少人从物理系转到心理系、中文系、计算机系、管理学院等，也包括资环系。从资环系同学的描述中，大抵听说过李小文院士是如何厉害，性格是何其有特点。听说他们使用的教材里出现的人名，李小文是为数极少的中国人之一，至于他做的研究，我是完全不懂。

再后来中国兴起了博客热，我也凑热闹在许多博客网站注册了，包括科学网，在它创始的第二年，就有幸成为博主之一。那些年头里，科学网并不如现在这般热闹，但是比较纯粹，讨论的问题也以传播科学知识为主，不像如今那么招人眼球。但是科学网里依然有几大名博，如以"99%论"著称的王鸿飞老师，有低调认真的武夷山老师，还有就是著名的"黄老邪"——李小文院士。当时看李小文老师的博客，就像看老徐的新浪博客一样，有点"追星"的意味，也深深感到自己思想的差距，心想他老人家肯定不会知晓有那么多年轻的校友粉丝天天关注他。可是在科学网待久了，渐渐感受到这里实名制的好处——你可以和任何一位你景仰已久的大人物直接对话，无需戴着马甲遮遮掩掩，直抒胸臆即可。这和别的博客里总是有一堆乱七八糟莫名其妙的留言迥然不同，也让人感受到科学网的透明和实在（只是很遗憾，随着注册用户的增加，马甲和灌水评论越来越多，许多半匿名ID发的评论实在难以入目，严重扰乱科学网的风气，幸好现在有选择只允许实名制用户评论）。这种透明和实在，让我看到了真实的李小文院士，一个被人称为黄老邪的博主。

写博文和看博客成了我业余生活的最主要内容之一，自己也从中得到许多乐趣和锻炼，随着文笔的锤炼和思路的开阔，渐渐尝试起许多曾经想试的题材。机缘巧合，我参加了科学网组织的首届全国青年博客大赛，也从此开始了我的科普写作之路。非常幸运地在那次大赛获得了"全国最佳科学博客大奖和博客团队"一等奖，我至今还记得饶毅老师和王鸿飞老师在给我颁奖时说的那句话："别紧张！待会儿发表获奖感言慢慢说。"这个大奖成为激励我在科普之路上前进的主要动力，至今我还在努力：写好自己的科普文章，让别人想干嘛就干嘛去吧，这也是我在科学网的生存法则。如今想起来，我坚持写了那么多科普文章，首先要感谢的，就是科学网。后来才知道，原来自己膜拜的那几位名博，其实都是大赛的最终评委，也是他们决定给我这个名不见经传的小博主这个大奖的。我不知道其中是否有李小文院士，若有，他应该是我所感谢的人之一。

再后来，我在科学网也活跃过一阵子。随着科学网的不断升级，博主圈子、论坛、博主委员会等许多内容加了进来，博主的朋友圈也逐渐扩大。不知道什么时候，我加了 Lix 这个博主为好友，偶然才发现这竟然就是鼎鼎大名的李小文院士。也就从那时起，科学网博友们的线下活动也悄悄搞了起来，看到迟菲美女等人晒出的聚会照片，其中就有"黄老邪"的仙风道骨，很是羡慕。我本人因不善于交际，也几乎不喝酒，所以从未参加过这类聚会，尽管很想。只是在某些特殊机会见过几位名博，如武夷山老师、邢志忠老师、陈学雷老师等。有时候，网络上的文字并不能代表一个人的全部，我总是担心，如果真和博友见面，该聊些什么呢？也许和出生寒门有关吧，尽管在京多年已让我逐渐克服和陌生人交际的恐惧，但面对不熟悉的人，总还是不知道如何打开交际的障碍。也就这样，我失去了和许多科学网博主面对面交流的机会，和李小文老师之间，也仅仅是一名普通的博友。

今天，这名普通博友离我们而去了，我想借科学网平台，寄托这一份哀思。

黄老邪，走好！天堂里还等你发博文呢！

（本文作者工作单位为中国科学院物理研究所）

"小文"不让大武 "光脚"何惧穿鞋

林叶彬

去年,您因不修边幅而走红网络,我曾以一名地理学人自豪地对学生说:

"扫地僧心系苍生,深处一阁,有济世之志,无报国之为,实为憾事;

李院士身居高位,遥感天下,走科学之路,行实践之事,堪称楷模。"

近日,您因积劳成疾而不幸早陨,我只能怀着悲痛和惋惜的心情感叹:

和平年代,报效国家,"小文"不让大武;

发展时期,服务社会,"光脚"何惧穿鞋。

您的学识、人品和贡献虽为我辈所不及,但那却是给我们树立的一个标杆。望先生在另一个世界里依然豁达,保佑我大中华人才辈出,科研事业蓬勃兴旺。先生千古!

(本文作者工作单位为西华师范大学)

驾鹤子乔游碧穹　风流长在独斯人
—— 悼李小文老师

刘 波

2015年1月10日下午收到一个同学的短信,说李老师去世了,我不知是哪个李老师,打开链接才知"世间再无扫地僧"。惊愕,难过,李小文老师前两天不是还在科学网上写博文吗?

像遥感所的大部分学生一样,我在入学之前就知道了李老师的很多趣闻轶事,入学之后陆陆续续听过他的一些讲座和报告,也时不时在楼道里见到他瘦弱的身影和他那标志性的布鞋和乱发。像科学网的大部分博友一样,我也喜欢看他嬉笑怒骂的博文,也曾在他因为"孙爱武事件"遭到非议的那段时间里发私信劝慰先生,我甚至说了"黄老邪不够邪"的玩笑话来刺激先生不忘写博初衷。

先生是性情中人,豁达洒脱,虽闲云野鹤,却有赤子之心。假如自由状态可以衡量的话,也许先生是最为"自由"的,有的人身处庙堂之上心却如在牢笼之中。他的自由源于他的真诚、性情、豁达、智慧、纯粹和怜悯之心。恰如"大智若愚、大巧若拙",也许先生是"大醒若醉"。他是"黄老邪",也是"扫地僧",更是"老顽童",一位可敬可爱的老头儿。一代宗师驾鹤仙去,侠骨风范长存世间,写小诗一首以示悼念,先生千古!

　　　　桃花岛上景依旧,竹帚老僧何处寻?
　　　　樽酒醉痴笑古今,布鞋论道窥乾坤。
　　　　三分天下经纶手,一鸣儒林日月心。
　　　　驾鹤子乔游碧穹,风流长在独斯人。

(本文作者工作单位为环境保护部南京环境科学研究所)

简注：

1. 桃花岛：李老师曾建QQ群号"桃花岛"，自称"黄老邪"。
2. 老僧：网友赠有雅号"扫地僧"。初作"竹杖老邪何处寻"或"岛主老邪何处寻"，想诗词不是论文，保留关键词意象即可，改为现在这句。
3. 竹帚：竹子做的扫帚其实是不方便扫地的，总不如茭茭草之类更合适，但恰如姜太公钓鱼可以无钩一样，扫地僧的扫帚可以是几根稀疏枯枝。
4. 樽酒：李老师爱喝酒是出了名的，轶事很多。
5. 痴：痴非贪也，痴是一种状态，只有真性情的纯粹的人才可能达到。
6. 笑古今：李老师不仅专业精深，而且涉猎广泛，其博文洋洋近两千篇，笑谈古今、纵论中西，曾听他在讲座上用唐人诗句"草色遥看近却无"来解读多角度遥感现象。
7. 布鞋：虽然公众大致在去年突然知道了他的布鞋，但是对于遥感所和北师大的师生来说多年来早已经习惯了他的布鞋，即便是遥感所30周年庆祝合影，在众多达官贵人高朋嘉宾的场合下，李老师依然是一双布鞋落坐。
8. 乾坤：先生从事遥感研究，通俗地经常用"巡天游地"来感性地解释遥感。遥感，可以对地或者对空观测，是谓"乾坤"。
9. 三分天下：李老师创立了Li—Strahler几何光学学派，习惯上被称为20世纪80年代以来遥感基础领域中三大学派之一。
10. 日月心：像李老师这样的科学家，也许在某个时候不至于世上仅有，但在当下可以说是无双的，至少我认识的范围内绝无仅有，他对所有后学的关心也都人所共知。一代宗师，德才双馨，他对科学网给予的殷切期望，他的真性情之罕见在当今学界犹如"一鸣"。
11. 子乔：仙人王子乔，传说得道成仙，驾鹤西去。汉代刘向在《列仙传·王子乔》中说：王子乔"游伊洛之间，道士浮丘公接以上嵩高山。三十余年后，求之于山上，见桓良曰：'告我家：七月七日待我于缑氏山巅.'至时果乘白鹤驻山头，望之不得到，举手谢时人，数日而去"。

▲ 清华大学美术学院祖乃甡教授为李小文院士所画肖像

▲ 科学网博友陈小润为李小文院士所刻木版画

一生萧瑟成遥感
—— 悼李小文院士

刘建栋

风高节亮性率真，
骨傲心仁意坦诚。
世誉神僧怀绝技，
自谦老邪厌俗尘。
一生萧瑟成遥感，
半百狂狷笑书生。
诗酒桃花何处去？
逍遥津渡有仙人。

（本文作者为武汉大学测绘学院在读硕士研究生）

舍不得的告别

刘良云

小文老师突然地、决然地走了,将哀伤留给了他的亲人、朋友、弟子和无数的网友。

小文是一个特殊的人。

一个院士,却能平等对待各级层的人,从少不更事的大学生到地位卓越的学者,都能感受他平等的友谊。

一个学者,最关心的不是项目和经费,而是基本科学问题,一生追求的是科学探究。

一个科研人员,醇厚的人文关怀感动无数网友,照顾了很多认识和不认识的人。

一个长者,宽厚和善良赢得了所有接触过他的人的尊重。

一个官员,找不到丝毫所长、院长、主任的官风,纯粹得不像个地球人。

一个老者,社会阅历丰富,却没有抹掉孩童身上独有的纯洁,一个农妇在地震中悲惨的遭遇能让他痛哭流涕。

一个党员,却让我们懂得善良原则,高于所有政治、法律正确。

一个朋友,给我们留下很多生动、感动、温暖的记忆。

一个导师,引领遥感学科,指导了遥感和非遥感学科众多后来者的导师,指引了学科和人生领悟的导师。

一个亲人,接触多了,亲切得自然成了亲人。

我经历中,只有这么一个人,甚至没有第二个像您一样的人,感谢您,小文老师!愿思念您的泪水在天堂化成甘醇的美酒陪伴您!

(本文作者工作单位为中国科学院对地观测与数字地球科学中心)

为什么科学网如此怀念李小文

聂 广

跟李小文老师只见过一面,网上交流也不多,但还是要挤进悼念大军来,也许是因为此前还没有得到过其他院士的关注,而且是对他最后的送别。

我 2010 年开始在科学网开博,不久后就发现常常有一个叫"Lix"的博友留言评论,内容中肯而亲切。后来一搜索,发现他竟然是个院士,我颇为受宠若惊。更没有想到的是,忽然有一日,这位院士博友竟然发博文"建议科学网帮聂广老师出一本书,"他说:"聂广老师有关中西医结合的系列博文很好哇!但没人吵架,就遭人忽视……我建议科学网网友大家帮忙,再出一本科学网的书,应该很有价值。"

鉴于他的江湖地位,当时就有博友支持。

不过,我自己有些不好意思,而且还拖欠着人民卫生出版社的书稿之债,当时回复:"谢谢李老师的好意,我的博文只是自娱自乐。可能将来会修改出版部分,也不缺经费,谢谢网友支持!"

当然,此前我与小文老师见过一面。因为我的一篇博文提到了手足口病发病与气象因子的关系,李老师让他的学生与我联系做些合作的工作。于是,2011 年 11 月 24 日我到北京开会的时候,趁中午会议间隙,在他学生的带领下我赶到北京师范大学他的家里,他专门打开了他珍藏的五粮液招待我,并与我合影留念。

见到李老师时颇有些意外,一是他虽然只大我 8 岁,但显得比较瘦弱且言行迟缓;二是其住房较小,不符合院士身份,我猜想学校应该有相应待遇的房子,是他主动放弃了,他是一个活在理想国的人;三是生活习惯欠健康,保健意识淡薄。听他的学生讲,他平时嗜好烟酒，食物蔬菜摄入不足，且拒绝参加每年的院士体检。

作为医生，我还是全力奉劝李老师要注重养生，珍爱生命，甚至自告奋勇要做他的保健医生，但他不喜欢"善意的专制"。也许每个人都有自己的生活理念，按照自己的方式生活才能彰显自己的个性。他的老伴吴老师去美国看女儿了，只剩下李老师一人留在家中，看来他是善于独立的，不像我总得让老伴陪着管着才舒服，毕竟人与人不同。

我在博文中写道："李老师有他自己的人生追求，他比我更加远离世俗而生活在自己的理想国里，祝他的率性而为（不为世俗所累）得到上苍更多的眷顾！"

如今，李小文老师走了，大家都在科学网里寄托自己的哀思。我也一样，写下自己的一点怀念，在星星点点的烛光里，点上属于自己的一支。

另外，我也想针对科学网热悼李小文再多说几句。

为什么科学网如此怀念李小文？早些时的"布鞋院士"为什么会掀起网络热浪？也许，最大原因是中国民众对于"平等"意识的呼唤。李小文老师能够如此强有力地穿透人心，以至于引起广泛响应，不是他的学术成就，也不是官方表彰，而在于他数年如一日地网络笔耕，与广大博友的平等交流，对人对事的古道热肠。

在科学网开博的科学家不少，院士也有几个。但李小文老师与众不同，他如同一个普通的网友，跋涉在其他网友的博文之间，热情推荐、诚恳评阅、友好交流；他兴趣广泛、虚心好学，懂得"三人行必有我师"，善于批评与自我批评；他宅心仁厚、乐于助人，自称老邪，与众多网友融为一体；他以科学网为家，与众多MM、弟弟打成一片，尊重他人，放低自己，遇到冲突睿智退出，从不斤斤计较……

正如他在《百家争鸣的机会，历史上不多》的博文里所云：

"再就是科学网给我们的这一个平台了，可以比较自由地争论。通过自由地争论，大家能讲清楚道理，增长知识，繁荣学术。如果科学网能办长久一点，我相信能出成果，能出人才的。上网两年多来碰撞过的青年才俊，自己说过的真心话，超过这一辈子上网以前的总和。所以我个人非常珍惜这样一个机会。我个人在争论中力求做到：只讲道理，不争输赢；对比自己年轻、资历浅的争论对方，尽量不挤压别人自尊的空间。也许没做到，欢迎网友拍砖，老邪坚决改正，为科学网越办越好尽自己的义务。"

"有付出，才有回报。"可能很多人并不在意民间的这种回报，并不在意草根的态度好恶，但草根和民间人士在意。为什么李小文老师能够掀起民间和草根这样自发的悼念热浪？因为他有着院士的光环，却如同"打赤脚"的草根以及这种不是"表演"出来而是深入骨髓里的合二为一。

现代社会已经告别了封建专制，但传统文化里的那些等级观念仍然散发着"尸臭"。一些人怀着强烈的不满，一些人拼命地维持，文化冲突是必然的。也许，知识阶层理应最先觉醒，因为他们不再需要高高在上的亲民表演，而更加渴望融入文化、融入血液里面的内在平等的理念。也许，这些在短期内还不能实现，但有李小文老师的付出以及在天堂的注视，但愿民间和草根的"中国梦"能够早日实现。

（本文作者工作单位为深圳市第三人民医院）

我们深深地怀念他

彭 渤

2015年1月10日，整个白天因为忙于应付一个材料，没有上网，手机也关了。晚饭后，实在想放松一下，就打开网页。突然，在搜狐网上，我十分震惊地得知小文院士去世的噩耗。科学网上已登出了讣告，并有很多博友发表了纪念小文院士的文章。说实在的，我的心也很不平静，小文院士走得太早、太突然，写此文以深切缅怀小文院士。

小文院士曾以Lix名义在我的一些博文后留言。但我当时根本没有把Lix与院士联系到一起。曾一段时间中断写博文，现在这些留言也找不到了。其实，我与小文院士有过一面之交，那是多年前，他应邀到我们这里讲学。记得那天早上去上班，在校园的路上，看到一个身材单薄、留着胡须、穿着黑布衣的中年人，向校园外走。在与他相距不到10米的距离相向而过时，我望着他，他也看着我。但是，我竟然有眼不识泰山！中午回到家里，在学校的网页上，印证了早上与我相向而过、望着我的那个"瘦胡子"竟是小文院士。内疚感愧之余，深深地敬重这位"瘦胡子"。

自那以后，我阅读了有关小文院士的文章，对他的人生经历略有所知。他爱看武侠小说。"布鞋院士"在网上爆红以后，他的武侠风骨更加为人所知，让人由衷地敬佩。今天，他突然离去，我们无比怀念他。

小文院士高深的学术造诣，让小辈高山仰止。在我国，院士是最高的学术荣誉，代表最高的学术地位。可是，在小文院士身上，我们一点也看不到他的院士架子。他是一位"不把自己当回事"的人。然而，在我们身边，一些人升官了，就目空一切，盛气凌人，孤高自傲。

这样的人，在小文院士面前，永远是矮子。而小文院士身居高位，却仍然奋斗不止，求索不断，耕耘不停。他那消瘦的身影，应该是他常常熬夜的印证。他的这种奋斗不止、追求真理、追求科学的精神，是我们学习的榜样。我们深深地怀念他。

在科学网上，小文院士曾发表过《能者不能通吃》的博文。短小精悍的文章，深刻地揭示了学界的一些问题，体现了小文院士对普通年轻学人的关心和厚爱，对公平正义的推崇和对我国科学事业的关心。如今，一些人这里"长江"那里"黄山"；这里"百人"那里"新世纪"……深挖洞、广积粮，钻空子，占资源；使尽浑身解数，到处通吃。很多人见怪不怪，任其自然。可小文院士，侠骨道义，挺身而出，替普通科研青椒们说话，令晚辈敬佩有加。

小文院士是个有大爱的人，网上还有人说他是"反季节"的人，他"身材瘦弱，一袭青衣，不修边幅，光脚穿布鞋，看起来特别的'反季节'"。可他"才高八斗，学术成就斐然，是扬名海内外的大科学家"；他"在科学上是巨人，在生活中是孩子"。小文院士"最大的魅力就在于他的'傻气'、纯真的'孩子气'"。如今，"会来事的'聪明人'是越来越多，实心人和性情中人却越来越少。像小文院士这样的，必然会被很多人耻笑为傻气、孩子气、书卷气。"然而，"小文院士最大的魅力就在于他的'傻气'、纯真的'孩子气'"。因为"要保持一个纯真的孩子般的心灵，比做一个世故圆滑成熟的人要难多了"。我们深深地怀念他，正是"因为我们这个时代缺的就是这个"。

谨此，深切缅怀小文院士，沉痛哀悼小文院士。

（本文作者工作单位为湖南师范大学资源与环境科学学院）

李小文老师与他的尺度观

彭真明

小文老师走了，给世界遥感界、科学界学人，乃至世人留下了深深的遗憾。但他的"平民院士"、"扫地僧"等民间称呼所折射出的精神风范，以及为人、为学的尺度观和价值观，将是留给后人一笔不菲的财富。今天再一次点开小文老师科学网上的博文，内容涉及历史、地理、人文、为学、为师、为人以及社会百态等。可见李老师渊博的知识及浓浓的人文情怀。另外，还有大量关于专业领域的科普博文，内容不仅包括为博友解答知识，也有个人虚心的请教帖等。

大致梳理了一下，李老师科普类博文中以及给一些博友的留言中，谈得最多的还是与"时空尺度"有关的内容。

李老师对"时空尺度"概念的解释，比喻形象、通俗易懂，这是我等所难于做到的。

古人早就意识到登高望远的重要性，所以孔子说"登东山而小鲁，登泰山而小天下"。这还只是空间尺度上的，发展到"不识庐山真面目，只缘身在此山中"，这方面的认识，算到了顶。陈子昂则从另一方面更进一步，还想从高处观察大地和人间的时空过程。可惜幽州台不够高，上面又没有农家乐，前不见古人，后不见来者，坚持不下去，只好念天地之悠悠，独怆然而涕下。现在有了航天技术，风云卫星一刻半时就出一张云图，嫦娥一号也已经实现了李贺的"梦天"。但是，光有航天技术还不够，还需要人们对地球上各种时空过程的理解。

（摘自李小文老师博文：《时空尺度与地表过程》）

李老师不仅对遥感与地理信息系统（GIS）的"时空尺度"深有研究，体现出来的人生"尺度"观也是可积、可微和可敬的。可以总结为：

学术上，大尺度下的学术视野，小尺度内的细节深究；

人格上，大尺度下的低调可亲，小尺度内的助人为善。

小文老师生命的"尺度"虽还应更长，但其延伸的"宽度"是无限的，留给我们的思念和影响是深远的。

（本文作者工作单位为电子科技大学）

李小文院士对"另类认识"的态度

檀成龙

李小文院士走得太突然,我们非常怀念他。

我,一个普通博友,与李院士从未谋面,但在网络空间,有过几次交集,做如下回忆,以示怀念。

2013年6月15日,我在科学网给李小文院士留言(我当时没有开通博客,注册名为zhxftcl1,详见李小文院士博客第254楼留言),标题是《近几十年来输入新疆的外来水汽减少,但当地降水量反而大幅增加,外来水汽与当地降水竟然负相关,这是为什么》,6月17日,李院士回复:"稿件全文不可读(可能是我机器配置问题)。从两篇摘要看,在冲击一个大问题。逻辑上好像讲得通,但要注意数据的严谨性。关注这个问题的人很多,空中水,海水……不少博主都比我有研究,请教他们更合适。祝成功!小文。"

看到李小文院士以上回复以后,当天我给他发了一封电子邮件,19天后的2013年7月6日,李小文院士发表博文《欠账回复(2):调水入疆》,在这篇博文中,李老师写道:"匿名博友要我对其文稿提意见,但因为杂事多,本身又是外行,(总计)看了不少时间,但多次被打断,始终未形成一个总的轮廓,更不用说细节了。感到很抱歉,干脆贴到网上,请大家指教、讨论。"

老邪感觉:题目很有意思。调水入疆、暖干暖湿的转变,已经有不少讨论。水库影响局地气候,引起降水强度或集水区位置,也有各种观察。但好像能确定地指出局地水蒸发散的增加,能起到"四两拨千斤"的作用,还是作者的创新。希望专业一点的网友,先就摘要发表意见。谢谢大家!

2014 年 10 月 24 日，我给李小文老师留言（详见李小文院士博客第 402 楼留言），李院士回复："您的大作看了，评论也看了一些，学到不少，谢谢！"

由以上网络文字可以看出，李小文院士对"另类认识"保持宽容态度，不是一棍子打死，仅这一点就值得大家学习。诺贝尔奖得主丁肇中教授认为："科学是多数服从少数，只有少数人把多数人的观念推翻以后，科学才能向前发展。因此，专家评审并不是绝对有用的，因为专家评审是依靠现有的知识，而科学的进展是推翻现有的知识。"科学家要有一颗"好奇之心"，否则，很难有原始创新。

怀念李小文院士，愿李小文院士在天堂安息！

一个普通科学网博友的悲伤

王善勇

看到科学网著名博主李小文院士去世的消息，先是惊愕，进而有些伤心。老实说，我跟小文老师素昧平生，就是在科学网上的交流也很少，按理说这种怀念性的文章都轮不上我来写，也不太有资格写，但我实在还是忍不住想写点东西。

我来科学网也快有3年了，3年前我血气方刚，总觉得自己能干点大事，现在再看起3年前写的东西，多少有些幼稚。也就在那个时候，我的博文几乎篇篇都被精选，很多网友的鼓励让我觉得自己突然像个名人，有点晕乎乎的感觉，这种感觉的特点就是容不得别人批评。然而就在我春风得意马蹄疾的时候，我的一篇置顶博文遭到了一个叫黄老邪的批评，而且批评得很"露骨"，一点儿不留情面。当时搞得我都想休博。其实，现在想起来，黄老邪的批评也并不是很靠谱，我写的东西其实也没有太出格的错误，只是编辑在置顶博文的介绍里，摘出的几个句子并没有真实反映我文章的主题，这下就被黄老邪抓住了，狠狠"收拾"了我一顿。我那时正是志得意满的时候，哪受得了这种"打击"，一气之下连写两篇文章回击黄老邪。但我的回击文章并没有得到多少网友的支持，我才意识到这个黄老邪可能有背景，google一查才知道黄老邪真名李小文，是蜚声科坛的大院士，这着实让我很担心，得罪院士这不是给自己找不痛快吗？以后还想不想混了？正在我提心吊胆地等着这位大院士如何再写文章讨伐我的时候，他却私信向我道歉说，是他没有认真看我的全文，就断章取义地批评，实在有点不妥，在此向我道歉。老实说，我当时的感觉是，这位院士有点"过"了，我查了那么多关于他的"黑材料"白费了。

紧接着还有一次，一位号称"农民发明家"的博友写关于老邪的博文。博文说老邪作为院士去一个大学做报告，面对那个大学的领导，实事求是，坚持原则，不说一句官话套话。这样一个表现，被那位科学网博友用"铮铮铁骨"的成语来形容。这个形容一下子被我抓住了，狠狠地批评了一下：哪来什么铮铮铁骨？这不过是一个知识分子做了应该做的事情。我猜我这个评论老邪是会看到的，我就是要让他看到，正好报了之前的"一箭之仇"。然而，大大出乎我预料的是，老邪并没有什么反应，相反那篇博文很快被隐藏了。这倒让我觉着有点不好意思。也就在那个时候，我突然觉着老邪这人还不错，是个心胸宽广的人。科学网之所以有那么多人喜欢他是有道理的。

这件事以后，我开始注意老邪这个人，真实的老邪是个什么样子呢？因为跟老邪的专业差距很大，我并不容易判断老邪的水平到底有多高，但我无意中发现一个新闻，那就是他把当年他得的长江学者成就奖全部捐出来。老邪的做法、初衷，让人感动的并不是什么冠冕堂皇的华丽，而是一种朴素，一种真实的爱。老邪是一个有爱的人，是一个有大爱的人。

写到这里，我不想说太多伤感的话，因为我跟很多科学网网友一样，老邪的音容笑貌一直都在，永远也不会在我们中间消失，他的真性情、他的达观、他的爱会被传递下去。

老邪千古！

（本文作者工作单位为澳大利亚纽卡斯尔大学）

一个宽容的学者

吴国胜

2015年1月10日,号称"老邪"的科学网博主李小文先生去世,无数人在科学网撰文表达思念,规模空前浩大。这其中有很多原因,我比较认同武夷山老师提的"平民院士"。在很多人感觉自己高高在上的时代,一个幽默、关心社会、乐于助人、不拘小节、喜欢喝酒、喜欢交友而又平易近人的院士博主,能不受大家的喜爱吗?

除了很多网友对他的评价外,我觉得他还是个宽容的学者。他在博客里面时常表达自己对社会的看法,而任何对社会问题的讨论都是会有不同意见的,但好像没有看到他与人争执的文字。根据科学网的一些文章,似乎他交友也很广,和不同性格、不同经历、不同年龄的人都有交往。这对于一般人来说都是很难做到的,更不要说是一个院士,也许只有一个非常宽容的胸怀才能做到。宽容,也是科学网这个小社会所缺失的,更是年轻人需要学习的。

谨以此文送李小文博友

吴云鹏

总以为是三界以外的人,很久不上科学网了,上周五闲暇间浏览博文,心血来潮想见到李小文老师的博文,不成想隔日便见到李小文老师的讣告。

科学网上绝大多数网友可能不知道李老师的玩网资历,他是海外某文摘的编创人员,最早上溯到1994年中文互联网起步的时候,俺也是那个时候开始关注海外的一些中文网站的。

我与李老师素昧平生,对他的专业更是一点也不了解。记得刚来科学网时,李老师是最早推荐我博文的博主之一,他对历史和时政的深刻见识,常常是一针见血,他有一种洒脱不羁的"海派"自由的影子,又有一种牢笼桎梏的无奈。

我对李老师的注意,是从他以"布鞋院士"形象爆红网络开始的。"相人"是我的职业习惯,从眼神、外形大致能看到他离天堂有多远,说实话俺当时觉得他离天堂不远了,并在他的博文下留过言,那时被人当成了逆耳的反话。

我对李老师的哀悼,也是我对中国这种前文明社会的感叹。对每个个体生命质量的爱护是社会文明程度的特征,这也是现代医学发展水平的参照,国内还相差很远。对健康的意识和维护也反映了一个社会的文明发达程度,这种高度专业化的事业,应该是一种公共福利,而不是商业化盈利,比如国内无所不用其极的所谓体检公司。

以李老师为例,长期吸烟的65岁以上男性,对主动脉瘤的筛检是常规,对心血管危险因素的筛查防治也是常规。这里有个生命质量的意识,李老师其实可以更健康更精彩地生活……

谨以此文送李老师一程!

一个看重文科的理科人

张艺琼

2015年1月10日下午6点多,看到李小文老师去世的消息,心情很沉重,想说点什么却又不知道该从何说起。我跟老邪没有太多交往,既没资格更没资本写悼念文字,但不知为何他驾鹤西去的消息却给我带来莫名的悲伤。

我来科学网时间不长,对老邪的江湖可以说是一无所知。真正把老邪和李小文院士对上号是在"布鞋事件"之后。在那之前我其实跟他有过留言交往,知道他是个高人。从他博文里知道他自称老邪,只是"李小文"对于我来说就是那亿万人中一个普通的名字。我一直不知道李小文是个院士,也不知道老邪李小文就是院士李小文。"布鞋事件"之后知道了他的院士身份,我也没有改变任何跟他说话打交道的方式。在我眼里,他是一位谦和的 true scholar,他那纯粹、率真、执着的学者风骨吸引着跟他打过交道的人。这一切与他的头衔和地位无关。

老邪是个低调的人。他在科学网上用了一个婴儿笑脸做头像(估计是他孙辈的笑脸),也不提供他毕业院校和工作单位的信息,有效地隐藏了他的身份。这样一来初入江湖的新人就不会被他的背景吓得躲起来,或者说话言不由衷。博客头像十分到位地捕捉了老邪谦和、纯真的个性。头像中笑着的小婴儿仰视着看他的人,他仰视的姿态让自己成为交流双方中地位较低的一方,从而无形中赋予了对方地位和权力,一如老邪的谦和。而他天真的笑容则感化着每一位看他的人,一如老邪的纯真。科学网上不乏用小孩照片作博客头像,但大家只要把老邪头像跟其他小孩头像稍作比较,应该都不难明白老邪为什么对这个头像情有独钟。

在科学网上我跟老邪基本没有交集。我想大多数时候他对我那流水账般的文字并不感兴趣，而不常看其他人博文的我对他那虽意味深长却言简意赅的文字也不大留意。我第一次知道有老邪这个人是在我写了一篇博文嘲讽国内一些不学无术的学者主持学术会议之后。那篇博文里面先说了我经常听各种讲座，文理通杀，讲述了一些所谓的学者主持讲座的丢人笑话，各种嘲讽中把自己的尾巴翘了起来。老邪写了篇博文讲了个故事来指出我博文里面"配偶孩子"一词的使用错误，最后一句比较隐讳地指出了我翘起来的尾巴。他说："老邪理科的，第六反应才是他们父子关系。所以，也不能偏废文科。"我看到他的博文，脸刹那间就红了，我知道他说不能偏废文科，其实是暗指我这个文科生犯这种低级错误还这么自我感觉良好地去嘲讽别人。我留言谢他，他说"不客气，不生气就好"。我当时第一反应是，我怎么会生气？第二反应是，既然你觉得我会生气，为啥还非得惹我呢？至今每每当我尾巴想翘起来的时候，我就会想起老邪那幽默的提醒。

作为半个文科人，老邪让我很感动的是他对文科的重视和对文科工作者的鼓励。这是我码下这些文字的主要原因。老邪自己的文科功底厚实，经常玩的历史和文字游戏我就不用说了。难能可贵的是作为一个理工科学者他意识到文科研究对社会发展的作用，并且常常关注文科研究如何能解决社会问题、改善社会现状和推动社会发展。

老邪对我博文的关注都是跟文科研究和社会问题有关。我没有因为他的关注而受宠若惊，只是觉得文科工作被一个理工科学者认可比较难得。我曾经写过一篇博文是关于语言分析对解决医患矛盾的作用。当时觉得自己的文字跟裹脚布一样又长又臭，估计没几个人有耐心看完，因此在最后说了一句"向看完的童鞋致以崇高的敬意"。在我刚把博文发上去，还想再改几个打字错误的时候老邪就已经第一个推荐了。评论的沙发他没抢到，留言说"对看完的童鞋致以崇高的敬意！不用，平身吧。文章好，干脆搞文学，可能比用英语烧锅炉更有出息"。我知道自己文笔不行，但老邪的幽默让我找到乐子。有一天写论文郁闷了忽然蹦出个想法：我不如搞锅炉文学好了。清华大学解聘外语教师事件时候老邪提了个建议，我留言说他的想法压根不可行，后来撰文吐槽青椒无解困境，老邪在我博文后道歉说："谢谢楼主。首先道歉。在老邪博文后的评论，看见了，但没有答复。原因是害怕把两个问题混起来，说不清。仔细读后再多说吧，先占沙发。"我说："李老师，这没啥啊，你这一道歉，我不知道该怎么办了。"如今想来，我确实从来没把他当一个高高在上的人，因为用的是"你"，而不是"您"，并非对先生不尊重，而是没有刻意地在他面前降低我的地位。这些简单的对话里面我看到的是老邪对一位年轻文科工作者的尊重和鼓励。

前几天上海踩踏事件，老邪发文说号召文科工作者站出来帮忙解决问题：

"这次上海踩踏事件，理科生可以痛心、埋怨，但基本问题其实是文科的。这二十万人，究竟为什么要往那儿挤？如果及时调查，有1%回应，就应该有2000个样本。越快越可靠，久了，空间上和记忆中，都会淡化。"

我很赞同老邪认为基本问题是文科的看法，里面是有很多文科人可以有所为的地方，但为什么要往那儿挤并非及时调查就可以找到答案，也并非是往那儿挤那么简单。可惜科学网上搞文科的不多，李侠老师回应了说不好搞，老邪显然不满意，又发博文还想探个究竟为什么不好搞。

针对《上海踩踏事件——社会心理调查》一文，李侠老师评论："李老师的视角很好，问题是文科人做这个会被处境很尴尬（希望别扭的话能表达其中的尴尬），弄不好被当作扰乱社会治安了，呵呵，再者，组织人力也没有这份经费啊，所以，有意义的事情都是费力不讨好的……"

后来李小文老师又发一文（http://blog.sciencenet.cn/blog-2984-856118.html）提到：

"谢谢李侠老师的认同。相信李侠老师能做得好。客观、公正、有深度。经费大概需要多少？应该可以自筹吧？目前看到的新闻报道（例如杨学祥博主收集的灯光之盼：踩踏悲剧自此而始？）就相当客观，翔实。但样本数太小。"

他第一次发文我就想回应，但那几天一直忙着赶论文，同时也或许是受他的影响，一件事情说不清楚就先不说，搞清楚了再说，并且这个问题不是我专业，还是需要思考一下才能回应的，于是我就没回应，想着等过了这茬专门写篇博文回应他。不料……回头还是要写，我想老邪在天堂还是能看到的。

在文科一直不大受待见的大环境下，每每想起老邪对文科研究的肯定和文科群体的鼓励，总有一种莫名的感动。现在其实很多社会问题"理科生可以痛心、埋怨，但基本问题其实是文科的"，只是在文科绝对弱势而文科学者往往就是个笑话的中国能有这个意识的学者太少，有这个意识又敢于说出来的就更少，而不但敢于说出来，还善于身体力行地去改变和推进的就屈指可数了。这一切，既源于老邪的学识，也源于老邪的为人。如今，屈指可数的老邪走了。码字至此，我那莫名的悲伤和感动似乎找到了些缘由。

老邪，一路走好！

（本文作者工作单位为广东外语外贸大学外国语言学及应用语言学研究中心）

满江红·悼李小文

柏 舟

对我来说,新年的第一月是个悲伤的月份。1月8日是我母亲的祭日,2014年的1月7日是我的科学网诗友郑融兄逝世的日子,2015年1月10日又听到李小文院士病逝的消息。在科学网,我与小文院士没有直接的交流,但我对他总有一种景仰之情。在科学网上,他有一个黄老邪的雅号,这是对他的个性与文风最贴切的概括。他酷似金庸笔下的那个黄药师,是个"正中带有七分邪,邪中带有三分正"的人物。没有了黄老邪,科学网今后还能是那样精彩吗?

一月哀思,叹科网,怅然星堕。
三九夜,千江凝冷,万山凋索。
扫地僧名原不假,老邪真是风云客。
问虚拟世界景如何?江湖阔。

一壶酒,颇自乐;
趿布履,常时若[①]。
绕神渊[②]仙岛,海空一色。
飞剑无踪波浪静,玉箫沉寂桃花落。
驾白云一片去悠悠,追黄鹤。

(本文作者工作单位为浙江大学城市学院,已退休)

[①]时若:"雨旸时若"。语本《书·洪范》:"曰肃,时雨若;曰乂,时旸若。"后用"雨旸时若"谓晴雨适时,气候调和。唐·白居易《为宰相贺雨表》:"臣闻圣明在上,刑政叶中,则天地气和,风雨时若。"宋·苏轼《春祈诸庙祝文》:"愿疾疹之不兴,庶风雨之时若。"
[②]神渊:三国·魏·曹植《七启》之八:"观游龙於神渊,聆鸣凤於高冈。"晋·陶潜《五月旦作和戴主簿》:"神渊写时雨,晨色奏景风。"

纪念李小文院士并作七律一首

卫军英

　　加班一整天直到晚餐时才看到小文老师病逝的消息。一起吃饭的学生们和李院士并无交集，我在大家谈论之际有一些神思游离。李小文院士是那种有大智慧的科学家，极具个性而又富有社会责任感，渊智博学却又平易浅近。我在博客上和他的交集始于7年前的一篇文章，其中讲到杜牧诗"楚腰肠断掌中轻"典故的意思。那时候并不知道这个和我讨论的人是个院士，经过几次交互之后，深感小文老师严谨的研究态度，并为此还专门写过文章《院士的认真令人肃然起敬》。再后来渐渐交集多了一些，往往涉及历史文化、社会人物，当然也有学术研究。最近一次和小文老师的交流，大概是关于隋炀帝的评价吧，他为此还写了一篇《萧后与妇好》的文章。

　　我的感觉，小文老师是属于那种高山仰止的学者，这不是讲他的世俗地位和学术成就，而是讲他在与人交往中所表现出的那种人格风范。记得五年前胡耀邦忌日我著文怀念，李老师当即表示支持："今日怀念耀邦，此文第一。"我文章中有提及：《左传》云"太上有立德，其次有立功，其次有立言"，立德立功立言耀邦都堪称楷模，一个人在失去大位之后威望不减反增，这在中共党内唯有耀邦；一个人在淡出政治中心故世20多年后，还有普通百姓怀念他，大概也只有耀邦了。现在想到这段文字，若以"立德立功立言"论人，李小文院士又何尝不是呢？先生已矣，风范长在，谨为七律一首，聊表悼念之情。

冻云无奈瑶山路，仙客辞归入九重。
遥感常言天地远，近承愈觉境怀丰。
楚宫腰细知肠断，隋帝身残叹命凶。
书史千秋人去后，衣襟总忆旧颜容。

（本文作者工作单位为浙江大学城市学院）

曾经和永远

庄世宇

一提到遥感,大家都会想到万里巡天、洞悉人间万物的情形。做遥感的老邪走了,就此别过地球,想必成了宇宙中的一颗灿烂的星球,依然遥视着他曾关心的土地、关心过的人们。

老邪的遥感功力之强,不仅体现在专业上,也透及生活——尤其是在他喜欢的科学网上。要不,像我这种既无特殊所向,也无特殊能力的人也深切地感受到了老邪的辐射力,以至于心不能平,撷取曾经过往一二,归纳至此,以兹纪念。

一面之缘

严格地说,我认识老邪,老邪却未必知我。2006年某一天,北师大地理学与遥感科学学院名誉院长李小文和当值院长戴永久博士到我们气象局数值预报中心商讨合作事宜。戴博士是我读研究生期间一起厮混过的朋友,而李院士则是首次见面。已经忘了当时说了些什么,但是老邪不修边幅的形象确实让我一见难忘,以至于后来在科学网上得知老邪就是李小文时哑然失笑——老邪给自己定位何其准确!而我的脑海里,老邪就应该是这幅超脱的形象!

正儿八经的互动

我入科学网是2011年年底的事,一开始和博友互动不多,根本不知道哪些人是科学网的资深风云人物,对并不高调的老邪更是无从所知。直到2013年才读到老邪的文章,觉得很有意思,便加了好友,开始有些互动,一般是推荐、读读或看看他人的留言了事。比较正儿八经的一次互动是在2013年5月8日老邪的一篇博文《地球模拟器——日本人给我们的昂贵教训》里的两次留言，说了自己的观点。我当时的理解，鉴于国内超级计算的发展势头，老邪有心提醒大家，超级计算机的发展应以应用为基石，否则指标再好，也不过是劳民伤财之举。

遗憾的是，由于懒散，我没有进一步回答老邪所关心的问题，算是欠他老人家一账。

三峡词话

蔡庆华兄撰文《别老邪》，其中提到的三峡词话我也算是凑热闹者之一。正如蔡兄所言，老邪不仅是科学巨匠，在文化修养上也是模范。作为科学人，老邪的人文历史功底非同一般，当是我等效法之榜样。我尤为感慨的是老邪的细心和周到。他提到"香溪生态站的蔡庆华""搞金属材料的张成全""搞植物生态的何雨笙""搞大尺度的庄世宇"……对我们这些素昧平生网友的行当了然于心，说明他事先是做了功课的。在一般人看来，一位院士、一位知名学者在这方面花时间精力未必值当。可老邪不仅是院士，他还是网络中的侠士，这么做并不奇怪，除了科学外，他还关心时政，关心人文，以自己独特的方式关心和提携后生。

无心之问，有心之答

2014年中秋节前后，老邪写了一篇《苏洵的人生规划》，文笔幽默。此文看似调侃，实有文史考据之意。我就着网上的一篇不同观点的文章，随口问老邪怎么看，也没指望老邪会答复。没想到很快老邪就以专著一文《试答庄世宇博友问》作答。我其实并不关心历史真相，但老邪的举动着实让我感动！

跟风议布鞋院士

2014年4月,老邪因赤足着布鞋而走红网络,我也跟风写了一篇议论作文《其实我们稀缺的是平等与尊重》。这个虽不是与老邪互动之作,但也是因老邪而起的杂议。

小诗送老邪

老邪走的当天,急就了一首小诗悼念,很快湮没在铺天盖地的祭文之中了,阅者寥寥。今日再贴一次,以表心情:

读文思其人,品语想所历。
长天陨耀星,科网存心迹。

既然是在网上,我宁愿继续以老邪来称呼小文院士。我羡慕那些曾经在现实生活中与他交往甚密的网友,这是他们的福气。当然,我也为能在网络世界与老邪有过遥相关而欣慰。曾经的老邪到了另外一个世界,但留下了永远的遥感——遥远的感应和遥远的感动!

(本文作者工作单位为中国气象局)

不止于悼

周金元

李小文先生驾鹤西游,学界对其英年早逝纷感惋惜。吾虽与小文先生无交,但亦从先生诸多事迹中得知先生的学识和人品,令人敬佩。值此先生故去之时,作诗一首以悼先生……

仙骨去归仙,位当第一班。
学高名世界,生俭恸苍天。
遥感九州咽,回神双目潸。
科研千万士,犹记布鞋颜。

(本文作者工作单位为兰州大学物理科学与技术学院)

与他交往的经历令我终身难忘

李 竞

2015年1月12日晚上,从大山里采样回来,把样品交给学生,并和约好前来讨论的研究生讨论了一会儿课题的进展,有点头疼不适的感受,遂来科学网随便浏览一下,不曾想看到小文老师去世的消息。翻出熟悉小文老师的博友 FloatingRose 一年多前写给我的话,心中难以平静,怀念小文老师的对待事情的认真,怀念小文对待他人的宽厚……

和李小文老师在科学网上第一次接触是源于他2013年1月14日写了一篇《北京雾霾话"洗尘"》的文章,看了以后就随心所欲地写下了《就汤下面谈雾霾——唱和李小文老师》。当时的用意,就是觉得小文老师把接风和洗尘两者混在一起了,其实"接风"并不等于"洗尘"。他凌晨回复"谢谢唱和,对我犹如天雨钱"。而我后来在看他博文下的跟帖时,发觉他身体不是很好,留言表示我撰写此文十分愧疚,应该先问好才是。小文老师则直来直去地回复"这倒不必"。

后来雾霾越来越严重,我也不断写点有关雾霾的文章放在自己的博客,而科学网当时专写雾霾文章的人不多。针对这一情况,小文老师在2013年1月27日还写了《灰霾研究:凄凉科学网》一文,对未引起科学网博主重视的蒋大和老师的博客进行了专门推荐,对包括我在内的几位发表过有关雾霾看法的人还有如下的话语:"搞灰霾研究专题,最好能鼓励像王自发、赵建民、李竞、王富等等博主更积极发表意见,我建议邀请蒋大和教授来主持'空气污染和PM2.5'专题,让不同意见的讨论更充分。"

由于小文老师的这一倡议,我又写了一篇对他本人学术观点有争执的博文，老夫子倒也没有含糊，来了一篇《灰霾研究：答李竞》。再后来又和他在紫河车以及一篇《求助：怎么写 position paper 讨论遥感尺度效应》的博文中有些文字交流。回国工作后，时间和精力都不够了，来科学网打理博客的机会渐少，甚至近乎荒废，但和科学网上像李小文老师这样的负有社会责任感的博友们的平等交流的经历令我终生难忘。

（本文作者工作单位为西北农林科技大学）

他曾关心博士生待遇提高

李 飞

2015年1月10日，凤凰网头条新闻：李小文院士逝世。有点出乎意料，因为前段时间还读到他"布鞋院士"的新闻。

我从未见过李小文院士，但是我们早在2007年8月1日就开始在科学网上打交道。

2007年7月30日，我写了科学网的第一篇博文《应当提高我国研究生的待遇水平》（http://blog.sciencenet.cn/blog-2359-5064.html）。

我的第一篇博文的第一个留言，是李小文院士留的。但是当时我不知道他是院士，直到后来我看到"布鞋院士"的新闻，那已经是差不多6年后了。

在这篇博文中，李小文院士做了4次留言，和我进行了互动。后来，我们还私聊了很多。他还委托汪自军老师和我联系，问我是否需要有关研究生待遇的资料。

今天，博士生一个月可以拿到2000元，待遇得到了极大的提高。其中，应该有科学网博主们持续不断地呼吁的功劳，李小文院士付出了很多心血。他曾要我写一个材料，通过中科院或政协向上层提交。

此后我继续写了很多博文，呼吁提高博士生待遇。不少博主开始呼应，一些文章被整理成材料，提交给教育部等多个部门。这是我们这些普通的学者教授利用科学网平台曾经做过的一点事。李小文院士在我们的心目中，只是一个普通的科学网博主，未曾谋面。直到有一天，我看到了"布鞋院士"的新闻，平易近人，犹如我们在科学网上的文字交流。博主之交,淡如水,却又浓得无法抹开。

死亡有时离我们很近。2014年12月12日,我遭遇车祸,被一货车追尾,我坐在后座上,脑干、脊椎、肾多处受伤,鬼门关里转了一圈,至今还在家里休养。闻知博友李小文院士驾鹤西去,还是忍不住打开电脑,聊表哀思!

愿天堂里有好酒,愿天堂里有好的布鞋,愿天堂里也有科学网。

(本文作者工作单位为南京农业大学)

"布鞋院士"外传

齐云龙

太史公曰：

世间事，世间情，寻常乃真，

非淡泊者无以明志，非宁静者无以致远！

宠辱不惊方成大家风范、去留无意更显侠骨柔情……

"布鞋院士"者，名李小文（1947--2015），丁亥年壬寅月生于川蜀之地，爱金庸武侠，曾建QQ群，名"桃花岛"，自号"黄老邪"。本色，随性，真性情，放荡不羁，不拘小节，嗜酒，常随身载酒而行，颇具豪侠之气，曾自比《笑傲江湖》之令狐冲。天赋异禀，少即嗜学，极尽痴迷，兼通文理。中年[①]游学美国，尤精武学中之"千里眼、顺风耳"，时称"遥感"之学。

平素质朴，专研、实干，苦心孤诣，颇有建树，享有盛誉，声震海内外[②]，艺压学界泰山北斗，遂晋身中科院院士[③]。然依旧淡泊名利、特立独行于斯世，虽相貌平平，却一派仙风道骨，大家风范；虽武功盖世，却低调、谦和、不事张扬。

晚年亦不辍耕耘，曾执掌中科院遥感所[④]、授教于京师大学堂[⑤]，除潜心钻研，亦爱生如子，不吝指点提携后辈，诲人不倦，

[①] 1979年抵达加里福尼亚大学圣巴巴拉分校攻读遥感专业；1985年获地理学博士学位；

[②] 为 Li-Strahler 几何光学学派的创始人，成名作被列入国际光学工程协会"里程碑系列"，在国内外遥感界享有盛誉；

[③] 2001年当选为中国科学院院士；

[④] 于2002～2007年任中国科学院遥感所所长；

[⑤] 自1999年起曾任北京师范大学地理学与遥感科学学院名誉院长，遥感与地理信息系统研究中心主任，地理学与遥感科学学院教授、博士生导师；

遇有难处者，常慷慨解囊而助之。博古通今，亦爱古诗词，喜以武会友，尝于科网①中著博文两千②，涉及甚广，又时有评论或回复，自有三分邪气，七分正气。其行文好简练，一针见血，嬉笑怒骂皆成文章，于风趣幽默里针砭时弊，轻灵文字间自显犀利，又显其忧国忧民之心与正气凛然。时科网博主陈湘明有联赞之："名士风流睿智诙谐皆任性，书生意气虚怀朴素总关情"。其德高望重、行侠仗义、古道热肠极受尊敬与推崇，蜚声科网江湖由来已久！

某日，依旧例赤足、着布鞋与众生论道于国科大③，有好事者将其像传至人人网，以《天龙八部》中少林隐身高手"扫地僧"喻之，遂有媒体趋之若鹜，乃爆红于民间，称"布鞋院士"，亦有称"布衣院士"、"平民院士"！

因急病发，甲午年岁末卒于帝都，天下无数人闻之皆悲恸以极，竞相悼之，有联道："素心明志，两杯浊酒论天下；侠气致远，一双布鞋任平生。④"亦有诗叹："杏坛论道，言传身教，国之大儒以身作则，甘为先驱。却如今，仙风道骨独身去，世间再无'扫地僧'"⑤！

（本文作者工作单位为北京中科资源有限公司）

---

①指科学网博客，由中国科学院、中国工程院和国家自然科学基金委员会和中国科协主管，中国科学报社主办，致力于打造全球华人科学博客圈；
②自2007年7月29日在科学网注册开博，7年多时间在科学网累计发表了1878篇博文；
③"中国科学院大学"的简称；
④引自法制晚报网友graceman232悼词 http://www.fawan.com.cn/html/2015-01/16/content_535425.htm；
⑤见于人民日报微博【微议录：世间再无"扫地僧"】http://weibo.com/2803301701/BEXf9Ayc7?ref=#!/2803301701/BEXf9Ayc7?ref=&type=comment#_rnd1422341979974

数十万网友留言悼念李小文先生

喻 海 良

呜呼，哀哉！流星划过夜空，一颗巨星陨落，留下瞬间美好。

呜呼，哀哉！先生忽然离去，科院再无老邪，只留坊间传名。

呜呼，哀哉！

2015年1月10日李小文先生去世以后，我第一时间感到震惊，凌晨1点多还在看相关报道。李小文先生是我见过的让我最敬佩的人之一。先生去世后，科学网、搜狐网、凤凰网、163等网站纷纷报道，网友们也自发地对李小文先生进行追念。

在搜狐网站，十万多网友留言对小文先生离去表示悼念：

我只崇拜伟大的科技建设者，农民工我照样尊重，但从来不崇拜什么歌星与名人。老先生您一路走好，感谢您为国家做出了卓越贡献。

真正大师一级的科学家。了不起的人，值得人敬佩！走得太早太可惜。

这才是真正的学者，敬佩万分，一路走好。

一个爱国的人，一个不为名利的人，一个朴素低调的人，一个为祖国做出重大贡献的人………高尚之人！李老，一路走好！

李小文去哪儿了！他去天国了，他坐地日行八万里，巡天遥看一千河，继续为中国的遥感科学做贡献。李小文去哪儿了！他穿着黑衣，来到教室继续为莘莘学子添油打气。

……

在163网站，三十多万网友参与对小文先生离去表示悼念：

真正的大师，都怀着一颗求学的心！

一个国家的文明程度不是大厦大楼，而是大师的多少！大师走好！

在这个位置上能这样，有自己的个性，果然不是俗人。虽然中国教育有些让我失望，但这种导师令我佩服，一路走好！学为人师，真人真性真情；空间遥感，千秋伟业；行为世范，一身一心一意；几何光学，一代宗师。

世间再无扫地僧，得此评价不枉人生走一回。一路走好！

希望这个社会能多一些这样的朴实，少一些浮华。这样的院士值得国人尊敬！

……

在凤凰网，也有诸多网友留言对小文先生离世表示哀悼：

耕耘科学数十载，桃李芬芳誉满楼。仙风道骨驾鹤去，从此再无扫地僧！李院士一路走好。

好人一路走好，愿您在天堂还可以把酒畅饮，笑傲江湖。

这才是真在追求科学的人。一路走好。

老爷子一路走好，自贡人的骄傲！

愿天堂还有地理所、二锅头，老人家一路走好！

……

最后，忘了哪一个网友写的，"布鞋院士李小文，返璞归真难找寻。浮华世界一亮色，草根已沁众人心。"写得非常好。在今日学术界，一个人的离去，能够有超过几十万网友自发表示悼念，足以看出他的人生是辉煌的一生。

（本文作者工作单位为澳大利亚卧龙岗大学）

李小文老师的学术图谱

李 杰

为了纪念李小文博友，并让大家对李小文博友生前的重要研究有一个全局的了解，尽可能地收集了小文老师生前的研究成果，并以可视化的形式进行表现，以纪念这位"布鞋院士"在研究以及相关领域的学术贡献。

该图谱（李小文老师生前研究的常用主题）是基于李小文老师于 1991–2014 年间以北京师范大学为作者单位收录在中国知网的所有期刊文章为数据源制作。

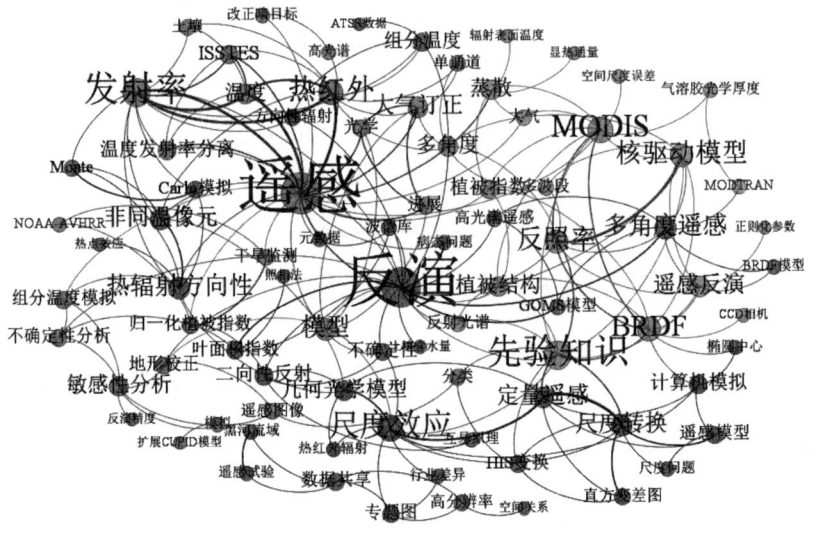

（本文作者工作单位为首都经济贸易大学安全与环境工程学院）

怀念平易近人的李小文老师

吕秀齐

2015年1月10日傍晚，刚在郊区开完三天区政协会，回家的地铁上刷微信，看到同事发的消息，布鞋院士李小文去世，当时真的不敢相信自己的眼睛，马上给苗元华发微信求证，消息得到确认并得知他已经和海辉在去小文老师家的路上了。

1月5日，苗元华还打电话跟我商量，想节前相约去拜访一下他老人家。以我的想法，一方面是有点怕打扰老人家；另一方面，虽然我们既无工作、也无专业上的交集，但小文老师是我们尊重的博友，也有两面之缘，作为礼节性的看望，顺便跟老先生唠唠嗑儿，我想也没有什么，就答应了。小苗想得周到，三天前先发邮件试探一下先生的意思，先生果然很快回复，大意是"小苗，有什么事吗？如果没有什么事，只是礼节性的拜访，就免了，你和吕老师都很忙。"他知道我们的心意。听到小苗说先生给他复信，我想先生既然能复信，证明身体还可以，就放心了。没想到，从此再也没有机会与小文老师相见。

再一次来到小文老师家，却是斯人已去，和小文老师夫人吴老师相拥，看着他们拥挤简朴的家，与小文老师两次相见的一幕幕情景又一次在脑海中浮现。

小文老师不仅是我们的博友，也是我们的作者。说起两次与小文老师见面，还是以书为媒。

2012年秋冬时节，小文老师在四川出差期间，经历了一场大病。这一年圣诞节下午，我与苗元华、迟菲、赵明、二傻及其师弟谢老师以及从山东赶来的陈国文老师一行7人，浩浩荡荡开进了北师大院内李小文老师的家中，探望刚刚从306医院初步康复出院的他。

因为入驻科学网较晚，开始与李小文老师并不熟悉，有幸作为小文老师等主编、名位科学网博主等合作撰写的《强震应急与次生灾害防范》的责任编辑，那次探望是带着任务去的，算是代表出版社，也代表苏青社长看望我们的作者，汇报书的出版进展，请他审阅相关内容。

李老师和爱人吴老师在北师大的家显得很拥挤，只有大约70多平方米，尤其是客厅，真的容不下很多人。很惊讶院士怎么才住那么小的房子？那次我们去的博友多，冬天室内的温度挺高，脱了羽绒服又没地方放，不想长时间打扰，就穿着厚衣服将就着，结果人人出了一身大汗。李老师和爱人吴老师让我们坐在沙发上，他自己搬个小板凳坐在大家中间，弄得我们挺不好意思的。不过气氛很和谐。那是我首次见到先生真容，想想他刚刚出院，就为工作的事打扰，有些不好意思，特别是人多嘈杂，真怕影响他的康复，但见先生正以神速从重病中康复，精神不错，已经能箭步行走，谈笑风生，甚至还一口气给我们讲了好几个幽默的故事，众博友甚感欣慰，总算一块石头落了地。吴老师也是热情相迎相送，临走时还给我们每人送了一个大苹果，说是平安夜保平安。

那天从小文老师家出来，第一时间通过博客向大家报告了小文老师正在神速康复这个好消息，博友们纷纷留言祝福。可见小文老师在大家心目中的地位。

特别让我感动的是，之前看到我们请求他为书作序的信息，尽管还卧病在床，怕耽误我们出书的进度，就在病床上由他口述，吴老师录入，很快成文，发给了我们。足见小文老师做事认真负责的态度。

2013年4月，《强震应急与次生灾害防范》一书出版，正赶上四川芦山地震，小文老师与参与编写的博友们倡议为灾区做点什么，为商量图书稿酬捐赠和义卖的事情，这年4月底，我和小苗再次登门拜访他。那时小文老师身体恢复得还可以，事先还发消息询问我们有没有车，要不要给我们安排车，我回复"不用了，我们有车，不过是两个轮子的"。这次待的时间比较长，我们3人一起讨论了一些图书稿酬捐赠和义卖的细节问题，小文老师还现场与成都那边就有关事宜进行电话沟通，现场办公。

两次见面，加几年的博友缘，小文老师给我的印象是平易近人，给人一种亲切感，他热爱生活，关心博友，风趣幽默，他常关注我出游摄影之类的博客信息，不时开玩笑似地评论几句，让我感到温暖。

2015年4月，小文老师穿布鞋讲课的形象在网上曝光后，我写了《院士也是普通人？——有感网上热议李小文院士最近讲课的"光辉形象"》的博文，引起科学网上的热议。我是发自内心地感慨，以普通人的心态，做个名人，其实并不容易。

小文老师走了，作为一个院士、一个名人、一个被公众关注的不一样的科学家，以普通人的心态，走完了他本可以再长一些的一生。天堂里又多了一个幽默风趣、没有架子、充满智慧的知识分子，一个好人。

人生无常，人各有命，社会分阶层，境况各不同，但无论处于什么地位，能时刻保持一种普通人的心态，作真正的自己，不为世俗所左右，并不容易。小文院士得到了多数人尊重，我想这与他能把自己当作普通人，甘愿过普通人的生活有关吧。

小文老师有侠义之情，是肯仗义执言的知识分子，是肯于与普通百姓广泛交流的学者，中国需要这样的知识分子，可惜他走得有点早，愿他在天堂里继续做个快乐的智慧大侠。

小文老师千古！

（本文作者工作单位为科学普及出版社）

神交平民院士李小文

苏 青

我和李小文院士相识于科学网，由于工作等原因，两人从笔墨相识到工作相交至今已7年多。虽然我们从未谋过面，但"三平"——平和、平等、平民，却是他留给我的最深印象。

平和既是一种心态，也是一种品质，尤其是在争论问题时，平和、客观、宽容就显得尤为难能可贵了。2008年5月7日，《科学时报》头版发表了科技新闻《我国科学家提出三维"伊辛模型"精确解猜想》，报道称中国科学院某研究员在英国《哲学杂志》上发表论文，成功提出了理论物理学中的"伊辛模型"三维解猜想。《科技导报》据此将这一"研究成果"遴选为年度中国重大科学进展，并写进由我主笔、刊登在2009年第1期《科技导报》上的"2008年中国重大科学、技术和工程进展"专稿。2009年2月下旬，科学网有博友通过查询文献发现，理论物理学家随后就在《哲学杂志》发表了否定这一猜想的学术论文。此事很快引起科学网博友围观、讨论，并酿成各方参与激辩的重大事件，《科技导报》遴选年度中国重大科学进展不当自然也成为被关注的重点。尽管我很快意识到了所犯的错误，并迅即在《科技导报》门户网站和科学网博客上发文道歉，表示将反思、改进遴选程序和办法，希望博友们通过科学、理性、平和的讨论，促进对"伊辛模型"科学难题的最终解决；但是，那段时间，我还是感受到了来自理论物理学家和科学网博主持续不断的质疑压力，包括被认为是学术"corruption"（腐败）的指责，甚至还收到了在"伊辛模型"研究领域做出过重要贡献的一位华裔诺贝尔物理学奖获得者近乎批斗语言的质疑邮件。相比之下，李小文院士就显得平和、客观、宽容得多，他在科学网博客多处表示："既然《科技导报》受到这么大的压力，面对'corruption'的指控，讲清评选标准和程序，还是有必要的。编辑部的同志们辛苦了。"他同时也表示，涉及这类争论问题，不应对当事人"挥舞大棒"批斗。

有平和的心态，就能平等待人，就不会耍大牌，就不会以势压人。2009年10月23日，李小文在回应我《暂别科学网，后会不知期》博文中的"建议科学网和广大博主协商，制订博文发布和网上讨论等方面的公约"建议时，再次强调了他在争论问题时的态度："我个人在争论中力求做到：只讲道理，不争输赢；对比自己年轻、资历浅的争论方，尽量不挤压别人自尊的空间。也许没做到，欢迎网友拍砖，老邪坚决改正，为科学网越办越好尽自己的义务。"他是这样说的，也是这样做的，时时处处以平等的姿态与博友交流、讨论。我曾有几篇博文得到过李老师的点评，每次点评不仅能显现出他学识的渊博和作风的严谨，更能透出他为人的谦逊和待人的平等。汶川地震后，我把在《科技导报》上发表的专稿《抗震救灾中的10大科学技术》放在博客上，李老师点评时首先肯定这是一篇好文章，然后谦虚地表示要发表"一些意见供参考"，接着指出了文中6处存在着或不严谨或不准确或不全面的问题；或许是考虑到我的心理接受能力，最后他还不忘表示"抱歉挑刺，希望能多少有用"。我与同事合写的另一篇综述文章《加强震后生态评价 促进灾区生态修复》发表后，李老师同样细心地发现了文中的3处表述不准确错误，同时还给出了完善文章的具体建议，点评的最后仍没忘鼓励我们"总的来说，挺好的文章。希望能想办法引起国家汶川地震灾后重建规划组的重视"。

在科学网上，李小文是以一介平民的身份出现的。他的博名起初用的是自己姓名前两个字的汉语拼音缩写"Lix"，真实的院士身份暴露后干脆改为"李小文"；博客头像是一位笑容可掬的孩子，实在逗人喜爱。他的博文内涵丰富、短小精悍、幽默隽永，没有一点儿装腔作势，读罢令人回味无穷、忍俊不禁；他与博友往来唱和、信手点评、娓娓道来、潇洒自如，完全一副朋友模样，让人感到心旷神怡、亲切自然。2007年9月7日，李小文老师曾专门针对我为新婚夫妇朋友撰写贺联的博文"苦求佳句独无悔，喜得妙联自有趣"补充案例："在一家电子科技大学，曾有一幅著名的新婚对联：'阻抗匹配功率大，并联推挽效率高。'横批是'最佳耦合'。不知道是谁的原创，全用专业术语，但挂在洞房那儿就全变味了。"可谓老顽童调皮十足、幽默十足。薄熙来重庆打黑变黑打后，2010年2月10日，他在博客上出"春谜"："以黑打黑，张翼德查户口（猜七言唐诗一句）"（谜底：飞入寻常百姓家），以自己独特的方式对这种践踏法律的行为表示抗议。可谓大学者机智过人、胆识过人。

李小文院士致力于遥感基础理论研究，不仅是所在科研领域的大科学家——创建了Li-Strahler几何光学学派，而且有着悲天悯人的平民情怀。2013年4月20日芦山地震发生后，我委托同事专门向他约稿，其时他刚从ICU病房回家静养，仍抱病为《科技导报》撰文《为我国的震灾遥感进步叫好》。他还在文末特别注明，因为刚从ICU出来，文中所提及的具体工作及资料都是间接了解到的信息，如有错误和疏漏，他本人文责自负，不代表任何单位。其间，他还催促我就职的科学普及出版社抓紧出版由他和黄润秋主编的《强震应急与次生灾害防范》一书，并倡议将全书稿费捐献灾区，积极响应义卖此书所得一并捐献灾区的倡议，并表示由此造成的出版社经济损失由他个人来承担。赤子大爱之心苍天可鉴，令人感动。

2014年4月21日，一位一身黑衣、光脚穿布鞋、其貌不扬的老者给大学生上课的照片走红网络。李小文及其"布鞋院士"、"扫地僧"、"黄老邪"、"布衣院士"等绰号由此广为知道。我也更喜欢把李小文院士称为"平民院士"，诚如科学网著名博主武夷山老师对他的评价："做人做到这个境界，平民本色就化为英雄本色了。"

　　谨以李小文老师科学网上的《科博练摊歌》结尾，让我们再次领略他平和的文字、平等的姿态、平民的本色：

　　　　科学网上博客店，博客店里我练摊。
　　　　博客摊主写博客，常赚吆喝偶被删。
　　　　有话只消摊前坐，写罢还去别摊观。
　　　　半评半写日复日，博开博闭年复年。
　　　　但愿老死文论间，不愿鞠躬车马前。
　　　　车尘马足官者趣，论高文妙贤者缘。
　　　　别人笑我疯傻淡，我笑他人看不穿。
　　　　不见五车学富冢，垃圾论文作纸钱。

　　　　　　　　（本文作者工作单位为科学普及出版社）

附录

《纪念李小文院士文集》策划拍板前后

《出版商务周报》记者 原业伟

2015年1月10日，中科院院士、中科院遥感所所长、北京师范大学资源与环境学院副院长、遥感与地理信息系统研究中心主任李小文去世。2014年，因一张穿着布鞋朴素形象的照片在网上广泛流传，李小文被誉为"平民院士"，成为公众人物，他的去世由此引发了网友大范围的悼念与热议。1月10日当天晚上，科学普及出版社社长苏青果断拍板，出版纪念李小文院士文集，为读者展现一位平易近人的院士。

两册文集 语义双关

苏青说，自己与李小文虽然从未谋面，但在科学网上已经相识7年多。汶川地震后，苏青将《科技导报》上发表的专稿"抗震救灾中的10大科学技术"放在网上，收到了李小文的悉心点评。2013年芦山地震后，李小文应约抱病写成"为我国的震灾遥感进步叫好"一文，发表在《科技导报》上。期间，苏青还约请李小文等主编《强地震的应急与次生灾害防范》一书，该书被纳入中国科协三峡科技出版资助计划项目，在科普社出版。两人在工作上曾有过密切的合作。

科普社准备出版的李小文纪念文集一共两册，一册是《大师小文：李小文院士博文精选评注》，收录李小文在科学网的精选博文。

书名取义双关，一是指"大师李小文"之意，另一方面指科学大师的博客小文章。中科院科技政策与管理科学研究所研究员陈安担任该册主编，负责对李小文在科学网上发布的1870篇博文进行遴选、整理、点评。

另一册为《大家博友：纪念李小文院士博文集》，是科学网上博友对李小文悼念文章的精选汇编。书名也是取义双关，一方面指"科学大家李小文的博友"，另一方面意蕴李小文平易近人，是我们"大家"的博友。该书由中国科技信息研究所研究员武夷山担任主编，并作序，中科院动物研究所博士生导师王德华撰写后记。苏青亲任这两册书的编委会主任和策划编辑，该社资深编审吕秀齐等担任责任编辑。苏青还约请科学网著名博友、清华大学美术学院教授祖乃甡专门为李小文画像，作为《大家博友》和《大师小文》的重要插图；同时，将博友陈小润为李小文精心创作的木刻画用作两书的重要插图。

网络传播　扩大影响

苏青介绍，这套书由科普社与科学网联合推出，科学网自2007年由中科院创办以来，集聚了大批具有科学背景的博友。李小文2008年在科学网开通博客，之后几乎每天都撰写博文，并评论其他博友的博文，积极与博友互动。在科学网上开博客的院士不少，但如此积极投入，文章又如此率性，和博友互动如此友好，此是唯一。由于网络的无限延展，专业领域外的许许多多普通网民知道了这位号称"黄老邪"的"布鞋"院士。1月16日，在八宝山举行的李小文遗体告别仪式上，前来送别的网友数以千计，一位从未与李小文见过面却得到他大力帮助的博友专程从南昌赶来送别。为协助科学普及出版社做好这套书，科学网将李小文的所有博文从数据库中调出，交由编者选用，省去了录入、查找等诸多麻烦。悼念李小文博文的授权确认，也都通过科学网博客短消息辅助完成。《大家博友》预计2月中旬出版，《大师小文》预计于3月中旬正式出版发行，为确保出版质量，科普社还将邀请北师大资源与环境学院遥感专业的学者对相关专业内容进行审核把关。

　　李小文的博文涉猎面广，内容杂，既有专业文章，也有对科学热点现象的解读，还有对科技人物的点评等。他将自己的博文分为6个部分：生活点滴、历史杂谈、科网外传、海外来鸿、课件科普、怪哉虫儿。据该书责编吕秀齐回忆，作为院士，李小文和爱人在北师大的宿舍显得很拥挤，大约只有70多平方米；有一次吕秀齐跟随几位博友拜访李小文，因为客厅小、人又多，大家脱了羽绒服都没地方放。那次，李小文让来客坐在沙发上，他自己搬个小板凳坐在大家中间，和大家交谈。屋里虽然拥挤不堪，但气氛十分和谐。几年前，李小文拿出李嘉诚基金会给自己的奖金，在母校电子科技大学设立了"李谦"奖助学金。李谦是李小文的长女，出生时家里条件差，营养不良，出麻疹并发肺炎，不到两岁就去世了。对于为什么要设立这个奖助学金，李小文在世时曾解释道："有口酒喝就感觉进了'非线性区'，没什么负担，就捐了。"

李小文去世后，他生前就职的北京师范大学宣布设立李小文基金。李小文纪念文集出版后，苏青打算给科学网、北师大、李小文家乡四川自贡捐赠一些。他表示，如此火速追踪热点出书是因为"任何社会热点都有最佳的宣传时间，一旦社会热潮退却，宣传效果就会大打折扣。李小文院士具有强烈的平民意识，平等、真诚地对待每位博友，让人感到亲切、亲近，充满了人格魅力。及时出版李小文纪念文集，能产生更好的宣传效果，使李小文院士的精神和品德得到更好的传播，打动更多读者。其实，捕捉社会热点，快速出版图书，已成为科普社的一个优势；近年来，日本福岛核泄露、芦山地震、非洲埃博拉病毒流行等事件发生后，科普社都在第一时间出版了相关图书。"

（本文原载于2015年2月1日出版的《出版商务周报》20版，标题和文字略有改动。）

后记

李小文老师是科学网上博友们十分热爱和尊敬的博主。他的突然离去，让博友们心理上难以接受。在他去世后的短短几天内，来自海内外的博友们纷纷用散文、用诗歌、用图画等各种方式表达对李小文老师的怀念，怀念他的博学，他的学识，他的睿智，他的大爱，他的情操，他的思想，他的精神和他的风骨。

李小文老师是一位和蔼可亲的人，一位谦和豁达的人，一位有强烈社会责任感的人，一位追求平等和自由的人。他兴趣广泛，他博闻强记，他不修边幅，他诙谐幽默，他严肃较真，他不计名利，他乐善好施，他关爱学生，他提携后辈，他坚持正义。他的所思、所问、所感、所疑、所急、所盼，都体现在他的博文中，体现在他与博友们的互动中。

我们将博友们的怀念文章结集出版，就是想让读者了解一个真实的李小文，让读者感受到科学网上的黄老邪是那样的令人怀念和不舍，感受到大家对他的敬仰和热爱，感受到小文老师的人格魅力。

怀念离去的朋友，是很痛苦的；整理纪念文章，更不是件轻松的事情，但我们只想尽我们的全力，表达我们的心意，传承他的精神。

这本文集共收集了纪念文章 85 篇，绝大部分出自于科学网上的博友之手，也有少量来自于尚未在科学网开通博客的李小文老师的学生、同事。

编辑委员会只对博文的文字进行了适度编辑加工，鉴于标题多有雷同，对部分标题也进行了适当润色修改，尽量保持了文字表达、文章风格的多样化。在博文收录顺序上，经编辑委员会讨论决定，原则上按照李小文院士的学生、同事、博友等几大群组顺序分类，并适当考虑收文和得到授权回复的时间先后等因素进行编排。

科学网、科学网博友以及李小文老师家属、所在单位、学生等的大力支持，使得这本纪念文集能在很短的时间里与读者见面，谨此表示感谢。由于授权无法落实等原因，一些纪念文章没有被收录；鉴于时间仓促，文集难免会有疏漏和不足之处，敬请读者谅解。

编辑委员会
2015 年 2 月 5 日